subkultur

www.edition.subkultur.de

Gary Flanell

Geboren 1973 in der westfälischen Provinz. Genauer gesagt in der Stadt, in der die Züge geteilt werden und der größte Elefant der Welt die Nacht beleuchtet. Lebt und arbeitet als Journalist, Kulturarbeiter, Musiker und Radiomoderator seit über zehn Jahren in Berlin. Hat dabei diverse Stadtteile bewohnt und erlebt.

Mr. Flanell vertreibt sich die Zeit bis zum Ende gern mit dem Sammeln von kaputten Musikinstrumenten, der Gründung klangvoller (fiktiver) Bands ohne Fans sowie der Herausgabe des RENFIELD-Magazins, des einzigen Fachorgans für Krims & Krams & Rock'n'Roll.

renfield-fanzine.blogspot.de

subkultur

Gary Flanell

Stuntman unter Wasser

Erzählungen

Aus dem Kopf.

Und aus dem Leben.

GARY FLANELL: „Stuntman unter Wasser"
2. Auflage, November 2019, Edition Subkultur Berlin

Inh. Marion Alexa Müller, Bornholmer Str. 81a, 10439 Berlin
www.subkultur.de

Lektorat: Marion A. Müller
Coverbild & Foto: Stefanie Hirsch, stefanie-hirsch@live.de
Satz & Layout: Thomas Manegold
Gedruckt in Deutschland
Gedruckt auf FSC- und PEFC-zertifiziertem Werkdruckpapier

print ISBN: 978-3-943412-16-1
epub ISBN: 978-3-943412-64-2

Hausbesuch

Eddie war der Vorletzte. Jetzt war ich also allein. Seine Mail an diesem Morgen war kurz und knapp.

„Moin, es stimmt. Bin wieder in Lohn und Brot, wurde ja auch mal Zeit. Wahnsinn, dass das noch mal geklappt hat. Aber was erzähl ich dir? Du kriegst das auch hin. Ich drück dir die Daumen. Halt die Ohren steif. Ich muss los, zur Arbeit. E."

Ich klappte den Laptop zu und nahm einen Schluck Kaffee. Mein Blick fiel auf die Küchenuhr. Zehn vor zehn. Um Viertel nach zehn hatte ich einen Termin mit meiner Beraterin. Ich zog den Gürtel vom Bademantel enger und schlich ins Bad.

20 Minuten später knöpfte ich den letzten Knopf meiner Jeans zu, als es klingelte. Ich strich die Knitterfalten halbwegs aus dem Hemd. Als ich die Sprechanlage betätigte, flötete mir eine gutgelaunte Stimme entgegen, die ich bereits kannte. „Hallo Herr Berner, ich bin's, Frau Dietrich vom Jobcenter. Darf ich hochkommen?!"

Eine Frage, die ich noch nie verneint hatte. Es hätte auch keinen Zweck gehabt. „Natürlich", brummte ich und versuchte dabei die Flötenstimmlage von Frau Dietrich zu erreichen. Misslang aber.

Drei Minuten später stand Frau Dietrich in meiner Wohnung. Ich erkannte sie nicht gleich, weil ihr Gesicht von einem riesigen Präsentkorb verdeckt war, genauer gesagt von einem üppigen Blumenbouquet und zwei Flaschen Champagner, die ihr aus dem Korb raus ins Gesicht ragten. Dazu gesellten sich diverse Leckereien, Supermarktware suchte man vergebens darunter.

Frau Dietrich trug eine sehr geschäftsmäßig aussehende Kombination aus einem dunkelblauen Minirock und einem dazu passenden Jackett. Die cremefarbene Bluse darunter war etwas weiter ausgeschnitten, als ich es von einer Mitarbeiterin des Jobcenters erwartet hätte. Wir gingen in die

Küche, Frau Dietrich stellte den Korb auf den Tisch und lächelte mich an. Mit voller Kraft. Ich sah eine strahlend gebleichte, makellose obere Zahnreihe. „Herr Berner, wie geht es Ihnen? Ich freue mich, Sie zu sehen. Ist ja schon etwas länger her, nicht wahr?!"

Oh ja, das war es. Frau Dietrich war schon öfters auf Hausbesuch in meiner Wohnung gewesen. Seit sich die Situation so drastisch verändert hatte, waren die Mitarbeiter vom Jobcenter besonders aktiv und kümmerten sich fast schon rührend um ihr verbleibendes Klientel.

Ich bot ihr den leicht ausgefransten Korbstuhl an und stellte die zweite Kaffeetasse meines Hausstandes vor ihr auf den Tisch. Dann nahm ich gegenüber meiner Beraterin Platz und inspizierte demonstrativ den Inhalt des Geschenkkorbes. Sie ließen sich nicht lumpen, das musste ich zugeben. Zwei Dosen Lachsfilet aus dem obersten Preissortiment vom KDW. Ein paar winzige, aber umso teurere Gläser Belugakaviar. Toskanische Antipasti, nicht der Kram in Plastikbehältern, den man bei ALDI bekommt, sondern prachtvoll verzierte Gläser, in denen dickflüssiges, golden schimmerndes Olivenöl schwappte. Diverse erlesene Konserven. Prinzessböhnchen, spanische Tapas in dicker, rotglühender Paprika-Sauce. Feinster andalusischer Schinken, knochentrocken und würzig riechend. Ein großes Stück edler Ziegenkäse aus den französischen Alpen. Eine Flasche japanischer Whiskey, den man selbst beim Fachhändler nur schwer bekam. Eine Flasche Aftershave, die ich schon mal in der Fernsehwerbung gesehen hatte.

Frau Dietrich nahm die Tasse mit dem Kaffee behutsam in die Hand. „Ob sie einen Schwanz genauso anfassen würde?", fragte ich mich und es schüttelte mich leicht. Sie spreizte den kleinen Finger ab und beugte sich verschwörerisch zu mir hinüber. Ich sah, wie die kleine Goldkette mit dem kitschigen Anhänger, der wie ein dicker Engel aussah, mit Pfeil und Bogen genau zwischen ihre Brüste zielte. Wer schenkte heutzutage noch so einen Mist? Hatte Frau Dietrich einen etwas seltsam veranlagten Ehemann zuhause sitzen? Ihre vom Kaffee getränkte Stimme wurde sanft geröstet zu mir herübergetragen. „Sie haben sicher die neuesten Zahlen gehört, oder? Ist das nicht großartig?", fragte sie.

„Nun ja, man muss ja kein Mathegenie zu sein, um zu sehen, wenn von zweien einer weg ist, dass dann noch genau ...", schnaubte ich.

„Genau, Herr Berner!", unterbrach sie mich, „recht haben Sie! Sie haben wirklich so was von recht! Wie aus den Unterlagen und Statistiken hervorgeht, ist die Arbeitslosenzahl in Deutschland in diesem Jahr auf den tiefsten Stand gefallen, der je erreicht werden konnte. Noch gestern habe ich Ihrem Kollegen, oder besser gesagt, Ihrem Ex-Kollegen, haha, Herrn Scharf, dazu gratuliert, dass auch er jetzt in den Kreis der Arbeitenden zurückgekehrt ist. Was natürlich auch Ihre Situation etwas verändert. Aber das wissen Sie ja eigentlich selbst, wenn Sie verstehen, was ich meine, nicht wahr?"

Sie musste es also vor Eddy gewusst haben. Der hatte mir gestern Nacht noch eine SMS geschickt, weil Frau Dietrich ihn um halb zwei angerufen hatte, um ihm persönlich zu gratulieren. Erst heute Morgen hatte er offiziell von seinem neuen Job erfahren.

Frau Dietrich nahm behutsam und wieder kleinfingerabspreizend einen weiteren Schluck Kaffee – wenn man eines beim Amt lernt, dann wohl Kaffee zu trinken. „Das bedeutet also für Sie, Herr Berner, dass Sie jetzt offiziell der letzte und einzige Arbeitslose in ganz Deutschland sind. Ist das nicht wunderbar? Freuen Sie sich denn gar nicht? Ich weiß nicht, ob Sie sich des historischen Ausmaßes dieser Tatsache bewusst sind. Sind Sie? Bestimmt. Sie sind ja nicht dumm, das weiß ich ja. Und weil wir es schätzen, Sie weiterhin zu unserem Kundenkreis zu zählen, hatte unser Abteilungsleiter, der Herr Marowski, die Kollegen gebeten, für Sie ein bisschen zusammenzulegen. Schließlich gehören Sie ja irgendwie auch zum Team. Und weil Sie immer so gut kooperiert haben, dachten wir, es wäre Zeit, dass wir uns mal ein wenig erkenntlich zeigen. Deshalb haben wir uns entschlossen, Ihnen diese kleine Aufmerksamkeit zukommen zu lassen und hoffen, Sie finden ein bisschen daran Gefallen." Während sie einfach immer weiterredete, nestelte sie mit ihren alarmrot lackierten Fingernägeln an dem Geschenkkorb rum. Ihre Zähne waren so weiß und glatt, dass nicht mal der Milchkaffee sie färben konnte.

Ich war ratlos. Jetzt war es also geschafft. Der letzte Arbeitslose in Deutschland. In ganz Deutschland gab es nur noch einen arbeitslosen Menschen. Und das war ich. Ich fühlte mich auf einmal sehr alt und sehr mohikanisch. War das abzusehen? Ich glaube, das war es.

Eigentlich hatte es ganz harmlos angefangen. Vor 15 Jahren. Die Schlosserei, in der ich arbeitete, war in Konkurs gegangen und ich verlor meinen Job. Natürlich hatte ich nie aufgegeben. Ich schrieb Bewerbungen, meldete mich brav beim Amt, tat alles, was sie wollten, ging zu Fortbildungen, aber so richtig half das alles nichts. Da gab es noch 2,5 Millionen wie mich im Land. Irgendwie ging die Zahl weiter nach unten. Ein Jahr später waren wir bei zwei Millionen, die Wirtschaft boomte, selbst der letzte Depp war noch für irgendwas zu gebrauchen und verdiente Geld. Ich nicht. Ich ging zu Vorstellungsgesprächen, war dort nett und freundlich, meist motiviert und engagiert und erreichte bei dem ein oder anderen Assessment Center sogar die zweite Runde. Es wurde nie etwas daraus.

Auch als wir die Marke von 1,5 Millionen Arbeitslosen unterschritten, hatte ich keine Panik. Da waren neben den Minderbemittelten, den Intelligenzzwergen, den Vollzeit-Säufern, den Trash-TV-Zuschauern und alleinerziehenden Müttern bestimmt noch einige Hunderttausende, die noch viel weniger qualifiziert für irgendeinen Job waren als ich. Und solche wie mich gab es auch massig. Wir waren nicht dumm, hatten aber einfach das Pech an den Hacken.

Und die Zahlen sanken weiter.

Ich erinnere mich an die Jubelschreie und an die dicken Schlagzeilen in den Zeitungen, als die Hunderttausender-Marke geknackt wurde. Im ganzen Bundesgebiet gab es auf einen Schlag nur mehr 98.765 Menschen, die ohne Erwerb waren. Ich gehörte immer noch dazu. Ich kannte 30 bis 40 andere, die auch dabei waren. Als ich die Zahlen las, dachte ich, es wäre das Beste, wenn sie uns alle in ein Reservat stecken würden. Aber so richtig beunruhigend war auch das immer noch nicht. Die Berichte mit den neuen Arbeitslosenzahlen tauchten zwar immer noch in der Presse auf, aber so ein richtig guter Aufmacher waren sie nicht mehr. Auch nicht, als wir weiter dezimiert wurden, 65.000, 50.000, 10.000. Die Wirtschaft brummte, als wäre sie gerade erfunden worden, die Innovationen wurden mehr, die Bürokratie bügelte ihre Stolpersteine zu sauseschnellen Karriererutschen und wir wurden weniger. Immer weniger. Es war nicht so, dass ich es keinem gönnte. Bei jeder Nachricht von Freunden (denn das waren wir mittlerweile), die mit einem JUHU begann, war schon alles klar. Endlich einen Job gefunden und das nach 25 Jahren Stütze. Das Unglaubliche wurde wahr.

Manchmal verringerten sich die Zahlen auch anderweitig, einige hundert Arbeitslose fielen nach der großen Grippe- und Kältewelle im letzten Winter ganz diskret aus der Statistik. Nicht nur, aber der Großteil hatte irgendwann einfach wieder einen Job ergattert. Oder einfach das Land verlassen.

Unter uns Übriggebliebenen gab es immer mehr Gerüchte. Etwa jenes, dass sich eine kleine Gruppe von überzeugten bärtigen Arbeitsverweigerern in den Thüringer Wald zurückgezogen hatte. Sich dort von Wurzeln und Beeren ernährte, nomadisierend umherzog und dabei menschliche Siedlungen mied. Aber das waren Gerüchte, niemand hatte je diese fünf zusätzlichen Arbeitslosen gesehen. Und selbst wenn es zehn Waldbrüder gewesen wären, hätte das nichts am rasanten Aussterben unserer Art geändert. Wir brauchten keine zehn Arbeitslosen, wir brauchten 10.000.

Es kam der Punkt, an dem wir nur noch 100 Mann waren. Nur Männer, bei den Frauen war die absolut vollständige Vollbeschäftigung schon vor sechs Monaten erreicht worden. Ich hatte nie herausgefunden, wer DIE letzte Arbeitslose gewesen war. Manchmal stellte ich sie mir nachts im Traum als eine junge Mutter vor, knapp über 30, Strähnchen im Haar, wie sie mit drei Kindern auf dem Arm im Büro eines Personalchefs mit zittriger Hand, aber lachend, einen seitenschweren Arbeitsvertrag unterzeichnete. Und zwar mit dem Zeigefinger, dessen Ende sich in einen Füllfederhalter verwandelt hatte. Statt Tinte gab es Blut.

Wir Übriggebliebenen kannten uns irgendwann alle. Wir waren ja gut vernetzt, schließlich hatte das Center jedem von uns mittlerweile einen brandneuen Laptop und eine Internet-Flatrate mit Rekordgeschwindigkeit spendiert. Ab und an gab es eine Verabredung zu einer geheimen Zusammenkunft und wir trafen uns an abgelegenen Orten und kamen inkognito aus allen Ecken des Landes zusammen. Beim letzten Mal hatte jemand vorgeschlagen, wir sollten uns zwecks des besseren Zugehörigkeitsgefühls doch ein gemeinsames Wappen, quasi ein Logo basteln und auf einem Wimpel ans Fahrrad, oder wer noch eins hatte, ans Auto hängen. Der Vorschlag traf auf große Zustimmung und jeder der verbliebenen Hundertschaft versprach, sich in der Zeit bis zur nächsten Konferenz einen Entwurf für das Logo der letzten Arbeitslosen Deutschlands zu entwerfen. Es wurde nie etwas daraus.

Recht früh hatte sich in den Büros der Arbeitsagentur eine Erkenntnis breitgemacht, die in allen Etagen für weitreichende Konsequenzen sorgte: Wenn es keine Arbeitslosen mehr gäbe, denen man Arbeit vermitteln müsste, dann würde auch das Jobcenter überflüssig und alle unsere Arbeitsvermittler wären selber arbeitslos. Das war das eigentliche Schreckensszenario für alle Angestellten in der Agentur. Denn sie kannten die ganzen Horrorgeschichten von der abenteuerlichen Reise ins Land der gesellschaftlichen Fußmatten von uns zur

Genüge. Während wir schon seit geraumer Zeit aber immer irgendwelche Wege gefunden hatten, uns trotz der Beschäftigungslosigkeit zu beschäftigen, graute es den grauen Menschen im Jobcenter davor, in naher Zukunft in der gleichen Lage zu sein. Natürlich hatten wir es nicht offiziell mitbekommen, aber bei dem einen oder anderen Beratungstermin, in den kleinen Räumen, wo persönliche Gespräche mit dem individuellen Arbeitsvermittler geführt wurden, schwang eine greifbare Angst und Unsicherheit mit. Das Schreckgespenst der 0,05%igen Arbeitslosigkeit machte sich auf den Fluren des Jobcenters breit und ließ sich nur schwer vertreiben.

Deswegen hielten uns unsere Berater fortan zu einem recht lockeren Leben an. Denn wir waren der Kraftstoff für ihr Feuer, ihre Flamme, der ihren Arbeitsplatz nährte. Wir waren die wichtigen Ölreserven, die verbrannt wurden, um ihren Hintern nach Feierabend weiterhin zu wärmen. Wir waren wichtig. Nur hatte das keiner von uns erkannt.

Auch die Bewerbungstrainings, zu denen wir immer noch regelmäßig eingeladen wurden, änderten deutlich ihren Charakter. Wurde früher noch jede Bewerbungsmappe auf kleinste Fehler und Unzulänglichkeiten zerpflückt und jeder Arbeitssuchende mit Verbesserungsvorschlägen fast zugeschmissen, war nun alles anders. Die Coaches kamen selber oft zu spät zum Termin. Wollten sie früher selber noch ein gutes Vorbild abgeben, hatten sie diesen Idealismus schnell abgelegt. Oft wankten sie in fleckigen und miefigen Anzügen zum Gespräch, rochen nach Schnaps und Rauch, waren schlecht rasiert und wenn wir von unseren bisherigen Bewerbungsbemühungen erzählten, schliefen sie einfach ein, während in ihrer Hand langsam eine Zigarette verglühte. Auch die Inhalte der Bewerbungsseminare waren jetzt der neuen Strategie angepasst. Man zeigte uns, wie man ganz ohne Tasse einen ordentlichen Kaffeering auf einem Zeugnis arrangierte und dass auch die Herstellung einer Eselsecke einer gewissen Vorbereitung bedurfte. Auch im fantasievollen

Ausschmücken der weißen Flecken im Lebenslauf wurde uns jetzt auf kreativste Weise geholfen. Sie taten alles, um uns möglichst lang bei der Stange oder besser, beim Almosen zu halten. Man kümmerte sich intensiv um uns, tröstete und beruhigte und ließ jedem von uns kostenaufwendige Sachleistungen zukommen. Es gab sogar ein Weihnachts-Arbeitslosen-Geld in Höhe von 200 Euro. Gerüchteweise ließen sich manche Sachbearbeiterinnen zum Fest der Liebe sogar zu körperlichen Zuwendungen hinreißen.

Mir schien, dass auch Frau Dietrich Ähnliches im Sinn hatte, als sie mit ihrem Präsentkorb kaffeetrinkend an meinem Küchentisch saß. Sie erzählte weiter pausenlos von der großartigen Situation, in der ich mich jetzt befand und dass alles gar nicht so schlimm wäre. Dass Arbeitslosigkeit schon lange keine Schande mehr wäre und in vielen Kulturen der Welt weder sanktioniert noch verpönt war. Es folgte ein Exkurs über die Arbeitslosigkeit bei den Griechen und Sumerern und dass selbst ein Mann wie Plato heute als Bezieher von ALG-II anzusehen wäre.

Dabei lächelte sie wieder und beugte sich immer weiter zu mir rüber, bis die kleine Goldkette mit dem kitschigen Engel fast die Tischplatte berührte. „Eigentlich", flüsterte sie, „ist es auch an der Zeit, dass wir dieses blöde Sie mal ablegen, nicht wahr?!" Mit links kramte sie in der Tasche ihres Jacketts herum und zauberte eine kleine Flasche Cognac hervor sowie zwei Plastikpinnchen, die sie kurz darauf mit erstaunlicher Sicherheit randvoll machte.

„Ich bin die Gisela!", hauchte die Frau, die ich bis vor zwei Sekunden noch als meine recht distanzierte Arbeitsvermittlern Frau Dietrich kannte und drückte mir das Schnapsglas in die Hand, während sich ihr rechter Arm gleichzeitig bei meinem unterhakte. Nachdem wir beide den Fusel runtergekippt hatten, drückte sie mir einen langen feuchten Kuss auf den Mund. Ich hatte keine Zeit, ihr meine Wange zuzuwenden und spürte schon kurz darauf, dass unsere Zungen sich trafen wie zwei Boxer, die sich am Anfang eines langen Kampfes abtasteten, um den entscheidenden Schlag zu landen.

Was dann folgte, waren 45 Minuten recht unmotivierter Sex zwischen einem Arbeitssuchenden und einer Arbeitsvermittelnden, die beide einer ähnlich hoffnungslosen Zukunft entgegentaumelten. Am Ende dieses für beide Seiten eher unerquicklichen Aktes lag ich ausgestreckt auf dem Bett. Während mein Schwanz wie eine entwurzelte Palme nach einem Erdbeben auf meinem Bauch lag, beobachtete ich, wie Gisela in ihre hautfarbene Unterwäsche schlüpfte, um dann mit ihren restlichen Klamotten schnell ins Bad zu huschen. Zehn Minuten später stand sie, perfekt wieder hergestellt, frisiert und geschminkt vor meinem Bett. Ich hatte mittlerweile meine Tasse Kaffee auf meinem Bauch abgestellt und balancierte sie mit einiger Mühe hin und her. Gisela räusperte sich. Ich wusste, der Abschied stand bevor.

„Ähm, also, wir sehen uns dann in vier Wochen wieder. Es wird demnächst ein Brief mit dem genauen Datum und der Uhrzeit ankommen. Ich bitte um pünktliches Erscheinen in meinem Büro im Jobcenter, andernfalls sehe ich mich gezwungen, ähm, die Leistungen zu kürzen. Ach ja, das hier lag übrigens unter deiner, äh Ihrer, Fußmatte, Herr, äh, Berner", sagte sie und warf einen kleinen Briefumschlag aufs Bett. Dann strich sie ihr Kostüm glatt und verließ wortlos meine Wohnung.

Ich schnappte mir den Briefumschlag und betrachtete ihn mit der nötigen Ruhe. In dem kleinen Sichtfenster stand meine Adresse, darüber ganz klein der Absender. Ich erinnerte mich. Es war der Name einer metallverarbeitenden Firma, bei der ich mich vor ewigen Zeiten als Lagerist beworben hatte. Es hatte nie eine Antwort gegeben, aber vielleicht war ich gerade kurz davor, diesem Land zu einer 100,0000 %igen Vollbeschäftigung zu verhelfen. Langsam wendete ich den Umschlag hin und her. Er war zerknittert und am oberen Ende von Feuchtigkeit ganz gewellt. Man konnte schnell erkennen, dass ihn irgendjemand mit Hilfe von Wasserdampf schon mal geöffnet hatte, ohne viel Wert darauf zu legen, das zu vertuschen. Rasch riss ich mit dem Finger die obere Kante auf und zog den Brief hervor.

„Sehr geehrter Herr Berner,

wir freuen uns, Ihnen eine Zusage für die ausgeschriebene Stelle als Lagerist in unserem Unternehmen geben zu können. Zur Unterzeichnung des Arbeitsvertrags bitten wir Sie am Mittwoch, dem 8. Februar in unsere Geschäftsstelle am Westhafen zu kommen."

Ich warf einen Blick auf das Datum des Briefes. Er war vom 25. Januar. Jetzt war es Mitte Juli. Ich hatte nie etwas von der Firma gehört. Langsam faltete ich das Papier zusammen und steckte es in den Briefumschlag zurück. Während ich einen weiteren Schluck kalten Kaffee nahm und ziellos aus dem Fenster schaute, ging mir nur ein einziger Gedanke durch den Kopf.

Ich hatte gar keine Fußmatte.

Stuntman unter Wasser

(Mit einem Rad in der Erde)

Mein Name ist Paul. Ich bin Stuntman. Das heißt, ich war einer, denn heute ist wahrscheinlich mein letzter Arbeitstag.

Den Job mache ich jetzt seit 15 Jahren. Hab für jeden Scheiß meine Knochen hingehalten. Bin aus brennenden Autos gekrabbelt, mit Motorrädern über Raddampfer gesprungen. Habe mich mit Kollegen bis aufs Blut geprügelt, bin mit einem Fallschirm von Hochhäusern gesegelt. Konnte dabei das kleine Zelt sehen, in dem die Schauspieler, die ich gedoubelt habe, saßen und ihren Kaffee getrunken haben, während sie mich in Aktion auf dem Monitor verfolgt haben. Kaffee gab's für mich immer erst abends, wenn die Verbände angelegt waren.

Es war eigentlich keine Absicht, dass das heute mein letzter Arbeitstag sein würde. Meine Frau weiß auch nichts davon. Das heißt, ich denke, jetzt weiß sie es schon, irgendwer da oben wird ihr bestimmt davon erzählt haben.

„Es ist aber nichts Ernstes, Frau Dweezilstein", wird ihr irgendeiner vom Team am Telefon erzählt haben, vielleicht sogar Barney, unser Produzent, selber. Vielleicht wird er dabei sogar einmal seine Zigarre aus dem breiten sabbernden Mund genommen haben. Das wünsche ich mir. Dass Barney Schuller, dieser feiste Produzent in seinen ewig durchgeschwitzten Hawaiihemden nur einmal, wenn er meiner Frau erzählen muss, dass diesmal was schiefgegangen ist, seinen beschissenen Zigarrenstummel aus seiner heuchlerischen Fresse nimmt, um einmal im Leben die unverdrehte Wahrheit zu sagen. Zu meiner Frau. Dass er ohne seine berüchtigten Umschweife und Euphemismen einfach sagt, dass die Situation da draußen im Augenblick einfach beschissen ist.

Ich schwitze. Mehr als gewöhnlich. Liegt wohl an der Luft in der Taucherglocke. Die reicht eventuell, wenn ich richtig gerechnet habe, noch für eine Stunde. Aber ich kann im Augenblick nicht mehr besonders gut rechnen. Meine Augen brennen und um weniger Luft zu verbrauchen, atme ich nur noch ganz flach. Dadurch habe ich jetzt auch noch Seitenstechen.

Zwei Wochen war ich gebucht, eine davon ist jetzt rum. Eigentlich hatte ich keine besondere Lust, wieder mit Barney an einem seiner Schwachsinnsprojekte zu arbeiten. Barney dreht eine Menge Filme, hat bis zu fünf große Drehs im Jahr laufen, dazu unzählige kleine Experimentalfilme, die vielleicht kein Geld bringen, aber seinen Namen immer im Gespräch halten. Und ihm dazu freien Eintritt auf diversen Filmfestivals auf der ganzen Welt garantieren. Ein Platz in der Jury ist dabei sicher auch mal drin. Früher haben alle seine Filme gehasst, weil sie so beschissen sind. Im Laufe der Zeit hat aber eine Gruppe von Total-Nerds sie in ihren hippen Zirkeln zum Hit erklärt und so wird Barney seit einiger Zeit als Trash-Ikone verehrt.

Leider war ich genau in diesem Augenblick auf Barneys Angebot angewiesen, denn wie ich gemerkt hatte, werden auch für einen älter werdenden Stuntman die Jobs nicht zahlreicher.

Und Barney lockte mich mit glänzenden Aussichten. Wieder mal. Die Story für seinen Horrorfilm war wie immer grauenhaft, aber die Kohle, die in zwei Wochen auf den Bahamas zur besten Jahreszeit reinkam (und das muss man Barney lassen, in Gelddingen war er immer verlässlich), würde mich das nächste halbe Jahr über Wasser halten. Und danach käme entweder ein neuer Barneyfilm oder irgendetwas anderes. Es ist jedes Mal dasselbe.

Die Dreharbeiten der ersten Woche waren sehr gemächlich, jedenfalls was meine Arbeit anging. Es gab ein paar Explosionen im Labor eines nachgebauten Kernkraftwerkes, bei denen ich als sterbender Reaktormitarbeiter wild durch die Gegend springen musste. Danach einige Unterwasseraufnahmen, in denen ich im Taucheranzug von einem überdimensionierten

Plastikhai gefressen wurde. Nichts, was ich nicht vorher schon mal getan hätte.

Heute stand der aufwendigste Drehtag an, die Sache mit der Taucherglocke. Erst als ich am Drehort angekommen war, hatte mir Barney eine zerknickte Kopie des Drehbuchs in die Hand gedrückt, es ging irgendwie um einen riesigen Koi-Karpfen, der durch einen Unfall in einem Atomkraftwerk vor der Ostküste zu einem Monster mutiert war und nun den Atlantik in Angst und Schrecken versetzte. Der Koi hatte durch den ständigen Kontakt mit radioaktivem Wasser übernatürliche Fähigkeiten bekommen. Er hatte eine Intelligenz entwickelt, die der der Menschen ebenbürtig war, dazu ein dementsprechendes Selbstbewusstsein und einen Anspruch auf die Weltherrschaft, den er den Menschen, (erst einigen besoffenen Fischern, dann diversen Nuklearwissenschaftlern, schließlich dem US-Militär) per Telepathie übermittelte. Sollten die Menschen seinen Forderungen nach uneingeschränkter Herrschaft über sämtliche Weltmeere nicht nachkommen und sich fortan für alle Zeiten aufs Land zurückziehen, würde er dank seiner neu erworbenen Fähigkeiten den Golfstrom außer Kraft setzen. Keine Ahnung, was Barney seinem Drehbuchschreiber gespritzt hatte, aber er hatte schon weit Schlimmeres zusammengestückelt, das weiß ich. Auch wenn eine detaillierte Kritik am Leben und Werk des Filmschaffenden Barney Schuller in meiner jetzigen Situation eigentlich mehr als überflüssig ist. Ich sollte einfach meine Kräfte sparen.

Mir ist immer noch heiß, eigentlich sogar noch heißer als vorhin. Der Schweiß läuft mir in Bächen den Hals hinunter. Würde jetzt gern eine rauchen, habe auch noch welche von diesen billigen mexikanischen Zigaretten in der Jackentasche. Musste die Dinger auf die Schnelle am Flughafen kaufen. Normalerweise dreht mir Mabel immer welche. Am Vorabend, bevor ich zu einem Job fahre, rollt sie sorgfältig eine ganze Batterie Zigaretten. Keine macht das so gut wie sie. Ich habe vielen Frauen zugesehen, wie sie ihre Zigaretten drehen, aber keine hat das so gut im Griff wie Mabel. Ihre Finger sind dabei so geschickt und flink, dass man gar nicht glaubt, dass sie da eine Zigarette nach der anderen dreht. Am Anfang habe ich ihr immer gesagt: „Babe, ich hab dich nicht geheiratet, damit du mir abends die Kippen für die Arbeit drehst."

Ich weiß noch, wie sie damals lachte und sich gerade die, die sie noch gedreht hat, nicht in das kleine silberne Etui gelegt, sondern selber angesteckt hat. „Schatz", flüsterte sie und blies mir den Rauch ins Gesicht. „Denk doch einfach, ich könnte dir wie andere Frauen die Stullen für die Arbeit schmieren und ich wüsste, dass du sie sowieso nicht essen würdest. Also mach ich dir lieber deine Kippen fertig, bevor du dein Geld für irgendeinen miesen Scheiß von irgendeinem Eckensteher ausgibst."

Ich kann mich noch an ihre roten Fingernägel erinnern, die so glatt lackiert waren, dass sich das Aufblitzen des Feuerzeugs in ihnen wie ein Gewitterblitz spiegelte. Danach hat sie einfach weitergemacht, hat eine Zigarette nach der anderen gedreht, den Tabak sorgfältig ins Papier gelegt, als würde sie ein Baby ins Schaukelbett bringen.

An unserem letzten gemeinsamen Abend hatte Mabel keine Zeit, Zigaretten zu drehen. Wir hatten wenig miteinander gesprochen, ich musste schon nachts am Flughafen sein, sie hatte am frühen Morgen diese Untersuchung beim Arzt. Irgendwie waren wir beide nervös gewesen, hätten streiten können, grundlos, sagten aber kein Wort, jeder verharrte in seiner Ecke im Wohnzimmer und glotzte auf irgendeine beschissene Sportübertragung im Fernsehen.

Ich könnte jetzt wirklich eine rauchen.

Mach ich aber nicht, denn dann ist der Sauerstoff noch schneller verbraucht. Vor einer Weile hat es im Funkgerät entsetzlich laut geknarzt, dann hat das Scheißding Funken gesprüht, seitdem ist Stille. Davor habe ich viele verschiedene Stimmen von oben aus dem Boot gehört, die alle sehr aufgeregt klangen und alle durcheinander quatschten. Da war die

Stimme von Barney und auch die vom Kameramann. Den harten Akzent von Tom, unserem norwegischen Regisseur, konnte ich noch erkennen, danach kam nichts mehr. Als ich dann nach draußen geschaut habe, sah ich wie das Seil der Außenkamera riss und das Ding ab in die Tiefe rauschte. Kurz danach kam der erste Ruck und dann fühlte auch ich diese fast schwerelose Abwärtsbewegung. Ich merkte, wie meine Tauchkapsel langsam nach unten sank und sah, wie es draußen immer dunkler wurde.

Vor einigen Minuten ist noch einmal ein dumpfer Ruck durch die Glocke gegangen. Ich glaube, ich bin irgendwo auf Grund gesunken. Endlich. Es sieht aus, als wäre ich gar nicht mehr im Golf von Mexiko. Da draußen sieht es eher aus wie in Alaska, mitten in einer finsteren, schneebedeckten, windstillen Winternacht. Da sind Milliarden von Schwebteilchen, die an meiner abgestürzten Taucherglocke vorbeiwabern. Seltsam, dass der ganze Dreck und ich nur durch ein paar Zentimeter Stahl und ein paar Nieten voneinander getrennt sind.

Wenn ich durchs Bullauge schaue, glaube ich, so was wie Schlick zu erkennen. Wie tief mag ich gesunken sein? Und wen interessiert das hier unten eigentlich? Diese Hitze, ich halt's kaum aus.

Hatte gestern Morgen noch mit einem alten Fischer von den Inseln gesprochen. Meinte, wir hätten die beste Stelle für die Unterwasseraufnahmen erwischt, und in 20 Metern wäre das Licht noch perfekt für Filmaufnahmen und passieren könnte sowieso nichts, wenn man so gutes Equipment hätte wie wir. Und selbst wenn was passieren würde, wäre das alles nicht so wild, das Meer würde hier eh nur bis zu 400 Meter tief sein.

Sieht so aus, als wäre der Lichtakku langsam am Ende. Die Notbeleuchtung flackert jetzt nur noch schwach. Wenn ich nach draußen sehe, ist es so finster, wie man es sich in 400 Metern Tiefe ungefähr vorstellt. Der Tiefenmesser ist ganz nach rechts ausgeschlagen, seine Scheibe ist gesprungen.

Mein Blick wandert jetzt immer öfter auf das Funkgerät, besser gesagt auf die Funktionsleuchte. Leuchtet da noch etwas grün? Schwachgrün? Nein, alles dunkel. Habe vorhin noch panikartig versucht, irgendwelche Drähte zusammenzufriemeln, um doch noch eine Verbindung herzustellen. Hat aber nicht geklappt. Ob Barney ein U-Boot losgeschickt hat, um mich zu suchen? Was mag da oben passiert sein? Ist das Stahlseil gerissen? Aber das kann ja gar nicht reißen, das war doch so dick wie mein Arm. Scheint aber doch gerissen zu sein. Sonst säße ich jetzt nicht 400 Meter tief in einem stickigen Riesenei auf dem Grund des Meeres.

Vielleicht täuscht mich das Notlicht, dieses gedämpfte rote Licht lässt alles wie in einem Puff erscheinen ... wie bei einer Privatvorstellung in einer schwülstigen runtergekommenen Tabledancebar im mittleren Westen.

Es ist das gleiche Licht, das sie in der Bar hatten, in der ich Mabel kennengelernt habe und sie zum ersten Mal im Separee nur für mich getanzt hat. Würde jetzt gerne eine von ihren Zigaretten rauchen.

Ich schaue jetzt immer öfter aus dem Bullauge raus ins Wasser. Ist das da ein Fisch? Die kleinen Partikel rieseln immer noch ganz gleichmäßig da draußen nach unten und kleben manchmal an der Scheibe fest. Jetzt ist da draußen wirklich was. Ein Fisch, verdammt da ist wirklich ein Fisch! Ziemlich klein und mit so einer Laterne, die ihm aus der Stirn wächst. Schwimmt gerade auf das Fenster zu und glotzt mit seinen trüben Glubschaugen und dem debilen offenen Maul direkt zu mir rüber.

Die Zettel sind nun auch fast am Ende. Muss jetzt immer kleiner schreiben, strengt noch mehr an, bei dem Licht.

Ich hatte doch irgendwo noch Kekse. Waren doch in der Jackentasche. Sind immer noch da, Glück gehabt. Sind trocken wie Staub, die Dinger, muss jetzt trotzdem einen essen. Verschlucke mich an einem Krümel. Verdammt, brennt das im Rachen! Muss immer mehr husten. Brauche mehr Luft. Ist aber keine da. Wo ist denn diese ganze Luft geblieben? Wasser, verdammt ich hatte doch Wasser eingesteckt, der Kekskrümel klebt wie festbetoniert in meiner Luftröhre. Da. Wasser. Unterm Sitz. Trinken. Besser. Der Laternenfisch steht immer noch bewegungslos vor dem Bullauge und glotzt mich an. Würde einiges für all das Wasser geben, was er da draußen hat.

Habe das Etikett aus meiner Jacke gerissen und schreibe dort weiter. Wie lang bin ich jetzt hier? Drei Stunden? Zwei? mehr? Weniger? Kann die Uhr nicht mehr lesen, hatte die schon immer so bunte Lichter auf dem Ziffernblatt? Sehe nur noch Farben, die auf und ab flackern. Ich kann fühlen, wie mein Blut durch die Schläfen rast. Habe irrsinnige Kopfschmerzen und bin so müde. War mein Puls immer schon so schnell? Spüre, wie meine Augen langsam zufallen, darf aber nicht sein, muss doch für Mabel noch was notieren. Und dann noch Blumen, Blumen kaufen. Frische Gerbera mag sie gern. Oder Geranien. Oder Rosen. Welche mit rosa Blüten und Stängeln so lang und geschmeidig wie Flamingohälse. Die mag sie am liebsten. Und der Rasen muss gemäht werden, das macht ja keiner und der Zaun, der Zaun braucht auch mal einen neuen Anstrich, aber das mach ich alles morgen. Ich bin so müde, muss jetzt erst mal schlafen, dann geh ich morgen früh alles ganz ausgeruht an. Irgendein Scheiß verklebt mir die Augen. Ist der kleine Fisch mit der Laterne noch draußen? Doch, ist noch da. Nicht mal mehr allein, da sind jetzt ganz viele von den Laternen. Schauen alle bei mir rein. Ich will auch so eine Laterne haben, dann feiern wir 'ne Party. Will auch, dass mir so was aus dem Kopf wächst. Mach ich morgen. Nachdem ich den Zaun gestrichen habe. Dann kauf ich mir und Mabel eine Laterne für den Kopf, das wird super. Würde gern eine rauchen. Mach ich jetzt auch. Ist da draußen noch etwas? Brauche mehr Luft. Zigarette brennt. Tut gut. Jetzt schlafe ich. Viele Grüße an Mabel. Barney, du Arschloch.

Das schönste Geräusch des Tages

Es war so gegen halb sechs, als ich den Supermarkt betrat. Um diese Uhrzeit ist es immer sehr voll in meinem Stammsupermarkt, der wahrscheinlich für hunderte Prenzlauer-Bergbewohner der Plusmarkt ihres Vertrauens ist. Vor mir hat soeben ein Geschwader von Kirsten-Dunst-Doubles den Markt geentert und nun schwärmen sie in alle Richtungen aus, dabei die wichtigen Regale strategisch abschirmend. Die ersten bleiben gleich am Gemüse und Obstregal hängen und werden den Rest des Tages dort verbringen.

Die Kirsten-Dunst-Doubles sehen alle aus wie Germanistikstudentinnen im Grundstudium, die gerade das für heute letzte Seminar hinter sich gebracht haben. Sie tragen alle diese modernen schwarzen Glattlederstiefel, die so gut aussehen, manche allerdings mit diesen unmöglichen Fellbommeln dran. Eigentlich mag ich Kirsten Dunst gar nicht, aber an diesem Tag habe ich einige Lust, jedem ihrer Doubles eine Flasche Sekt aus den kleinen Wangengrübchen zu schlürfen.

Ich schlumbumbere an der Frischobsttheke vorbei, teste dabei unauffällig die Festigkeit der Strauchtomaten, lasse die Gewürze und die Frühstückscerealien links liegen, mache dann einen scharfen Schwenk, wiederum nach links, und habe meinen ersten Zielpunkt erreicht. Das Brotregal. Ich bin noch nicht ganz sicher, ob ich mich für eine Packung Toast oder 500 Gramm deftige Havelländer Kruste (die definitiv mehr Nährwert haben wird) entscheiden soll, als ich das Geräusch höre. *Das* Geräusch.

Es ist ein schabendes, kehliges, sehr tiefes und schepperndes Geräusch und es kommt von sehr weit weg, wahrscheinlich aus einer ganz anderen Ecke des Supermarkts. So wie es klingt, könnte das Geräusch auch aus einer ganz anderen Ecke des Universums kommen und die gesamte Menschheit bedrohen. Hätte H.P. Lovecraft nicht nur Bücher, sondern auch Hörspiele gemacht, er hätte dieses Geräusch für die Ankunft irgendwelcher alter Wesen aus dem All benutzt, deren Namen keinerlei Vokale enthalten.

Es kommt jetzt näher und wiederholt sich nun in fast rhythmischen Abständen. Ich bin kurz davor, in den Rhythmus des Geräuschs einzusteigen und einen Samba an der Brottheke hinzulegen. Ich weiß nicht, wer oder was das Geräusch macht, aber ich glaube, dass der Erzeuger etwas sehr altes und sehr langsames sein muss. Das Geräusch bewegt sich wie ein Echolot zwischen den Regalen hin und her und wird immer lauter. Jetzt gerade ist es an der Tiefkühltruhe mit dem Hackfleisch vorbei und bewegt sich langsam am Käseregal entlang in meine Richtung. Das Geräusch wird immer lauter. Auch die Intervalle werden kürzer. Bald, so denke ich, wird es nur noch ein langes andauerndes Geräusch geben.

Über die Brotkisten gebeugt denke ich an Roland Emmerichs Godzilla-Verfilmung. Menschen laufen durch die Straßenschluchten von Tokio, voller Panik, sie wissen, dass die Riesenechse in der Stadt ist, aber sie sehen sie nicht. Alles, was sie wissen, ist, dass das Monster hinter ihnen her ist und sie hören das Geräusch, das immer näher kommt und sie wissen, dass sie nicht fliehen können und dann biegen die Menschen um die Ecke und Godzillas Schritte sind so nah und kommen immer näher, jetzt ist es ein Dröhnen und dann …

Jetzt ist das Geräusch ganz nah. Der Gang, in dem ich mich befinde, ist seit einigen Minuten auffällig leer, die Germanistikstudentinnen in ihren langen modernen Lederstiefeln sind weg, ich bin der Einzige am Brotregal. Auf dem Boden rollen einsam ein paar Konservendosen hin und her, eine Palette mit Pulverkaffee steht halb ausgeräumt im Gang, als hätte jemand vergessen weiterzumachen.

In diesem Augenblick schiebt sich das Geräusch in meinem Gang. Erst sind nur zwei Rollen zu sehen, dann ein Kinderwagen, der langsam von einem Mann an der Frischmilch entlang geschoben wird. Die Quelle des Geräuschs sitzt in dem

Kinderwagen. Ein Junge, zwei oder drei Jahre alt, mit hochrotem Kopf, hustet um sein Leben. Immer. Laut. Lauter werdend, andauernd. Das Husten scheint ihn höchste Anstrengungen zu kosten, denn seine Gesichtsfarbe geht langsam in ein bläuliches Lila über. Der Vater inspiziert derweil relativ unbeeindruckt die angebotenen Milchsorten.

Plötzlich schiebt sich von hinten ein dicker Rentner ins Bild. Mit vollem Einkaufswagen (70% Konserven, 30% Bier), grauen Haaren und großem Bauch tritt er an den Vater heran und lässt ihn mit breitem Berliner Akzent wissen: „Hörnse ma, der Husten klingt aber jar nich' jut."

In diesem Moment ist es Zeit für mich einzugreifen. Ich finde nämlich, der Mann hat unrecht. Aber total. Seit dieses röchelnde, kehlige Geräusch, das über Minuten hinweg den ganzen Supermarkt ausgefüllt hat, sich als das wütende Husten eines Kleinkinds entpuppt hat, bin ich Fan. Und als Fan muss man ab und zu mal seine Position aufzeigen und verteidigen. Kurzentschlossen lange ich zu dem besserwisserischen Frührentner hin, bohre ihm den Finger in den schlaffen Schmerbauch und sage zu ihm mit fester Stimme:

„Guter Mann, Sie haben vollkommen unrecht und erzählen totale Scheiße. Dieser Husten hier klingt super. Er ist perfekt. Um ehrlich zu sein, ist das der beste Husten, der mir in meinem langen Leben untergekommen ist. Ein astreiner 100%iger Kleinkind-Bilderbuch-Husten. Klar, deutlich, prägnant. Für jeden noch so hinterwäldlerischen Kinderarzt ein klarer Diagnosefall. Diagnose- und Behandlungsfehler sind hier, im Gegensatz zu vielen anderen Fällen mal total ausgeschlossen, wann hat man das denn mal als Arzt? Na, wann? Das ist ja wie ein Sechser im Lotto. Wissen Sie, wie viele Fehler einem Arzt passieren, weil seine Patienten nicht in der Lage sind, ihre Beschwerden mal ordentlich zu äußern? Und kaum hat man mal so ein Prachtexemplar von einem ordentlich-räudigen Keuchhusten vorliegen, da kommt so ein Miesepeter wie Sie und glaubt, in den fünf Minuten, die er mal beim Einkauf und nicht vor der Glotze verbringt, müsste er einen auf mitfühlenden barmherzigen Opi machen. Aber dieses Kind braucht keinen Opi, dieses Kind braucht einen Arzt, Sie Vogel. Hören Sie nicht diese Melodie, diese Klarheit in Ausdruck und Rhythmus? Haben Sie denn gar kein Gespür für pathologische Ästhetik? Würde ich Werbesendungen fürs Radio produzieren und hätte den Auftrag eines großen Pharmaunternehmens, einen Jingle für ihren neuen Kinderhustensaft zu produzieren, und müsste einen guten Kinderhusten samplen, ich würde dieses Kind auf der Stelle in mein Tonstudio entführen und genau diesen Husten aufnehmen. Auf 32 Spuren, digital und analog, mit Atemnot, Aphasie und allem, was dazugehört. Ich würde keinen Hall draufpacken, keine Overdubs oder sonstige Effekte, sondern das Ganze pur und unverfälscht lassen. Old school, sozusagen. Aber Sie haben ja wahrscheinlich nicht mal eine Ahnung, was Old school bedeutet. Und um es Ihnen noch einmal ganz klar zu sagen:

DAS IST DER BESTE HUSTEN, DEN ICH JE IM LEBEN GEHÖRT HABE!!! ES IST DAS MIT ABSTAND SCHÖNSTE GERÄUSCH DIESE TAGES UND SIE IGNORANTER GESUNDHEITSFANATIKER WERDEN ES MIR NICHT MIT IHREM QUASI-BETROFFENHEITS-HALBWISSEN-GELABER VERSAUEN, SIE WIXER!!!!"

Huh, jetzt ist mir schwindlig und ganz heiß. Ich glaube, ich habe geschrien. Der Rentner schaut mich an, seine Augen sind ganz groß, er sagt nichts, so wie er da mit dem Rücken halb im Käseregal steht. Mein Zeigefinger steckt jetzt geschätzte zehn Zentimeter in seinem Bauch, als ich ihn wegnehme, bleibt nur eine kleine Delle im Stoff seiner grauen Goretexjacke zurück. Auch der Vater sagt nichts und selbst das Kind hustet nicht mehr, beide sehen mich mit schwer einschätzbarer Mimik an. Langsam löst sich auch die Stille der anwesenden Schaulustigen auf. Ich schwinge mein Toastbrot über die Schulter und gehe zur Kasse. Die Kirsten-Dunst-Studentinnen übernehmen einmal mehr die Kontrolle im Supermarkt meines Vertrauens. Wieder herrscht Ruhe im Kiez.

Seehund

Pille fuhr an diesem Tag wieder aufs Meer raus. Wie immer seit fünf Jahren. Um vier Uhr morgens kam er in den Hafen, kontrollierte die Netze und tuckerte gemächlich in die graue Dämmerung hinein. Meist fuhr er zwei Stunden nach Norden, ehe er die Netze auswarf. Auch heute ließ er sie ruhig ins Wasser gleiten, stellte den Autopilot auf Kreisfahrt und zündete sich eine selbstgedrehte Zigarette an. Er saß auf dem alten grünen Kunstledersessel hinter den Armaturen und schaute übers Steuer aufs Meer.

Einige Zeit später holte er das Netz mit dem Kran wieder ein. Von außen sah er, dass es prall gefüllt war, praller als in den letzten Wochen. Im Netz wimmelte es von allerlei quirligen Wassertieren. Ölige Krebse, zuckende Krabben, Mollusken aller Größen und Formen sowie schlickige Fische bildeten eine zuckende schmierige Masse, die wie ein riesiger Tropfen über dem Boot hing. Pille wusste schon jetzt, dass er die Hälfte des Fangs eigentlich direkt wieder ins Meer werfen könnte.

Als das Netz über dem Deck schwebte, öffnete er es und ließ seine Beute mit einem schmatzenden Geräusch auf die Planken klatschen. Er fummelte einen Tabaksbeutel aus der Jacke und drehte eine weitere Zigarette. Dann begutachtete er schweigend und rauchend die Ausbeute seines heutigen Arbeitstages, die sich über das Oberdeck verteilte. Halbtote Makrelen, keuchende Plattfische, verwirrte Krebse und Garnelen wuselten hektisch und desorientiert herum, dazwischen zuckten ein paar schlappe Tintenfische. Ein kaputter Blecheimer mit Benjamin-Blümchen-Aufdruck rollte umher. Unter diese seltsame Melange mischten sich Plastiktüten, Gummistiefel und Reste von Paddelbooten. Das Meeresleben in seiner totalen Vielfalt wimmerte über Deck, alle Lebewesen in der Gewissheit, dass sie irgendetwas blitzartig aus dem richtigen ins falsche Element geholt hatte.

Pille war kurz davor, das gesamte Getier wieder dahin zu bringen, wo es herkam, als etwas entdeckte, was ihm mehr als interessant vorkam.

Zwischen den langsam erstickenden Fischen, Krebsen und anderen Wirbellosen entdeckte Pille einen jungen Seehund. Das Tier musste irgendwie mit ins Netz gekommen sein und gab jetzt verwundert röhrende Geräusche von sich.

Pille hatte noch nie einen Seehund gefangen, deshalb betrachtete er das Tier mit außerordentlichem Interesse. Er entschied gegen eine weitere Zigarette und suchte stattdessen in der anderen Tasche die alte siffige Holzpfeife, die er bedächtig stopfte und dabei den Seehund nicht aus den Augen ließ, der nun unbeholfen zwischen toten Fischen auf dem Deck hin- und herhüpfte.

Der Tabak in der Pfeife glühte kurz hell auf, als Pille einen tiefen Zug in seine Lungen nahm. Sein Blick war von dichtem Rauch verhüllt. Er spürte, wie ihm etwas in Kniehöhe am Bein berührte. Der Seehund war an ihn herangerobbt und stupste ihn mit der feuchten Nase ans Knie.

„Hey Seemann, hast du mal 50 Euro?“, fragte der Seehund und blickte so treu, wie es nur Seehunde können.

Pille runzelte die Stirn, räusperte sich und zog ein weiteres Mal tief an der Pfeife. „Nee, hab kein Geld. Sehe ich aus wie ein Geldautomat?“

Der Seehund watschelte unruhig von einer Flosse auf die andere und stupste ihn wieder ans Bein, diesmal allerdings wesentlich höher und mittiger.

„Wenn du mir 50 Euro gibst, verwandele ich mich in eine hübsche Frau und blas dir einen.“

Pille ließ den Rauch langsam aus dem Mundwinkel quellen, er schien den Seehund anzublicken, aber sein Blick war so leer wie bei einem Mann, der noch nie mit einem derartigen Angebot konfrontiert worden war und nun darüber nachdachte, was als Nächstes zu tun sei.

Der Seehund rieb abermals seine Stupsnase an Pilles Bein.

„Also, wie sieht's aus, hast du 50 Euro? Für'n bisschen Spaß? Auch Seehunde brauchen ab und zu ein bisschen Zuneigung. Und du siehst aus, als wärst du ein kräftiger Seemann, der hier draußen auf dem Meer oft einsam ist."

Pille spuckte einen Batzen Schleim über die Reling. „Weißt du, ich hab keine Ahnung, wer du bist, aber ich nehme eigentlich nie Geld mit zum Fischen ..." Langsam kaute er auf dem Mundstück der Pfeife herum. „Kann ich denn auch mit EC-Karte zahlen?"

„Klar kein Problem." Der Seehund ließ flink eine Flosse auf den Rücken klatschen und zog etwas aus seinem nassen Fell hervor. Auf der waagerecht ausgestreckten Flosse balancierte er mit einiger Geschicklichkeit ein nagelneues EC-Kartengerät. In einer angenehmen Geschäftsstimme erklärte er die Funktionsweise des Geräts. „Also, es ist ganz einfach: Die Karte mit dem schwarzen Balken links oben einführen und dann die Geheimzahl eingeben. Ich akzeptiere Visa, MasterCard, Postbank und die Karte der Commerzbank. Brauchst du eine Quittung?"

„Äh, nein. Geht schon so", brummte Pille und schüttelte den Kopf. Er kramte in der Hosentasche seiner Latzhose und fischte mit den dicken Fingern langsam die rote EC-Karte aus der Plastikhülle und zog sie durch den Schlitz des Kartenlesers. Der Seehund und Pille schauten gespannt auf das Display.

„Oh, schade, Zahlung abgebrochen. Kann das sein, dass dein Konto überzogen ist?", fragte die Robbe.

Pille grummelte: „Hmmm, eigentlich nicht, müsste noch gehen, vielleicht ist dein Gerät kaputt." Pille wusste natürlich schon länger, dass sein Konto hoffnungslos überzogen war, aber das wollte er nicht jedem Seehund auf die Nase binden, der für einen kurzen Fick vorbeischaute. Jeden Monat traf er sich mit dem Filialleiter der Sparkasse zum Schnapssaufen und der hatte immer noch ein Auge zugedrückt. Für außerplanmäßige Ausgaben wie Oralsex mit einem Seehund auf hoher See war allerdings kein Budget vorgesehen.

In den Augen des Seehunds zeichnete sich Enttäuschung ab, lustlos ließ er den Kartenleser unter seinem Fell verschwinden. Stumm wandte er sich von Pille ab und watschelte zur Reling, um ins Wasser zu hüpfen.

Wieder kramte Pille hastig in seinen Taschen und biss hektisch auf der Pfeife herum. „Halt, warte mal, ich hab noch … machst du's auch für die Hälfte? Verdammt, hier sind meine letzten 25 Euro. In bar. Davon wollte ich eigentlich am Wochenende was zu essen kaufen, aber scheiß drauf."

Der Seehund drehte sich flink um, um sein spitzes Maul war ein amüsiertes Lächeln zu erahnen. Mit einer ruckartigen Bewegung schnappte er nach den Scheinen auf Pilles Hand und ließ sie in seinem Maul verschwinden. Dann passierte etwas Seltsames. Der Seehund veränderte seine Form. Seehundsgesicht war nicht mehr Seehundsgesicht, aus dem nassen schwarzen Seehundsfell formte sich eine andere Gestalt. Pille war etwas erstaunt, als er sah, dass sich der alte nasse Seehund, unter dessen Fell irgendwo ein Kartenlesegerät versteckt war, innerhalb von wenigen Minuten zu einer jungen hübschen Frau verwandelte, die zwar eindeutig volljährig war, aber niemals älter als dreißig sein konnte. Sie hatte langes rotes Haar, das sich über die Schultern bis zu den Hüften über eine makellose weiße Haut ergoss. Statt von einem treuen dunklen Seehundsblick wurde Pille jetzt von zwei grünen Augen angestrahlt, deren Farbe ihn an den Kunstledersessel in der Kabine erinnerte. Zwei wundervoll geformte Brüste wippten zufrieden nebeneinander im Rhythmus der Ostsee.

Dass die Verwandlung des Seehundes sich nicht komplett vollzogen hatte, fiel Pille erst einige Sekunden später auf. Der hintere Teil dieses seltsamen Wesens war immer noch Seehund, samt schwarzem struppigen Fell und Schwanzflosse. Pille war verärgert. „Hey, ich hab doch bezahlt, warum verwandelst du dich nicht ganz?"

Die Seehundsfrau kicherte herablassend und stemmte die Hände in die Hüften. „Hör mal zu, Seemann: Du hast nur 25

Euro bezahlt, halber Preis, halbe Verwandlung, so läuft das hier auf dem Meer. Komm lass uns anfangen, du hast nur eine halbe Stunde."

Langsam robbte sie auf Pille zu. Sie öffnete flink seine Hose und nahm seinen halbsteifen Schwanz in dem Mund. Pille lehnte sich an das Geländer des Schiffes und versuchte, sich zu entspannen. Ihm wurde schwindlig, was nicht nur am Seegang lag. Er stöhnte leise und atmete schwer, in seinen Ohren war ein lautes Schmatzen und Glubschen zu hören. Über ihm kreisten ein paar Möwen und keckerten hämisch. Als er die Augen schloss, sah er seltsame Lichtimpulse hin- und herzucken. Als er nach einer Weile anfing, unkontrolliert zu zucken und seine Knie weich wurden, sah er noch, wie langsam das Raumschiff Enterprise von links nach rechts durch sein Blickfeld schwebte. Als er die Augen wieder öffnete, wischte sich die Seejungfrau ihren Mund ab und schielte ihn seltsam an.

Er knöpfte hastig seine Hose zu und räusperte sich. „Ähm, ja, danke. Und, ähm, was machen wir … jetzt? Willst du was trinken? Vielleicht einen Kaffee?"

Sie schüttelte den Kopf und ihr kastanienrotes Haar wippte wie in einer Werbung für Anti-Schuppen-Shampoo. Die schwarze Flosse patschte in lässigem Rhythmus aufs nasse Deck. „Nein danke, ist schon ok. Aber ich muss dir noch was sagen …"

„Was denn?"

„Ich bin schwanger. Von dir."

„Wie jetzt? Von dem bisschen? Aber wir haben doch gar nicht … Ich meine, das geht doch gar nicht. Du bist doch da unten immer noch Seehund."

Die Meerfrau grinste amüsiert. „Weißt du, Seemann, bei Seehunds-Nutten wie mir erfolgt die Befruchtung auf oralem Weg, das weiß nur keiner. Unser Mund ist unser primäres Geschlechtsorgan und unsere Eierstöcke sitzen direkt hinter den Mandeln, frag mich nicht, wer sich das ausgedacht hat. Aber es ist gar nicht so schlecht."

„Und wieso weißt du jetzt schon, dass du schwanger bist? Ich meine, wir haben doch nur einmal ge…, ge…, also Sex. Du weißt schon. Musst du nicht einen Test oder so was machen?!", fragte er und wankte unruhig von einem Bein aufs andere. Pille musste sich an der Reling festhalten. Er überlegte. Wie das wohl so wäre, wenn er eine Frau hätte, die von der Taille ab wie ein Seehund aussah und von ihm schwanger war. Aber wahrscheinlich war noch neun Monate Zeit. Da wäre noch viel zu regeln, aber eben auf seine Weise. Er würde diese kleine Seehundsnutte jetzt von Schiff schmeißen, nach Hause fahren, sich mit dem Typen von der Bank wieder mal volllaufen lassen und diese Gegend des Meeres künftig meiden.

Die halbe Stunde war eh schon fast rum, langsam müsste sich diese kleine Schlampe doch wieder in einem kompletten Seehund zurückverwandeln. Er hatte unter Deck noch irgendwo eine Schaufel liegen, und wenn sie wieder ein Seehund war, könnte er ihr diese Schippe ordentlich mit Wucht über den Schädel ziehen und das hübsche Fell später im Dorf verkaufen.

Als hätte sie seine Gedanken erraten, robbte sich die Seejungfrau jetzt ganz nah an Pille heran. Sie huschte ungelenk an ihm hoch und hielt sich mit den Händen an seinen Schultern fest. Voller Panik drückte er sich an das Geländer, ihr Gewicht presste sich mit voller Last gegen ihn und ihre beiden Gesichter waren jetzt nur noch wenige Zentimeter voneinander entfernt. Er konnte ihren verführerischen Fischatem riechen. Ihr Blick bohrte sich fest in seine Augen. „Da ist noch etwas, was bei uns anders ist."

„Ach ja, und das wäre?"

„Wir sind keine neun Monate schwanger, sondern nur neun Minuten. Ich glaube, gleich ist es so weit." Pille spürte, wie sich etwas gegen seinen Bauch drückte. Der Bauch der Meerjungfrau war schon ganz dick und wölbte sich immer weiter. Er konnte zusehen, wie sich die Schwangerschaft, dieses Wunder des Lebens, im Zeitraffer abspielte.

Plötzlich ließ sich die Meerjungfrau nach hinten fallen. Der Länge nach lag sie auf dem Schiff und rollte von einer Seite auf die andere. Dabei stöhnte sie leise vor sich hin. Pille beugte sich über sie, zerbiss beinah das Mundstück seiner Pfeife und trat nervös von einem Bein aufs andere. Er sah, wie ihr Unterleib hin und her schleuderte. Dann drückte sich aus einer bisher verborgenen Falte etwas unterhalb der Schwanzflosse eine kleine unförmige Gestalt ans Licht. Einige Minuten später lag die Frucht ihrer Begegnung wimmernd auf den Planken. Beide Eltern schauten etwas verwirrt auf das Kind, als es die Nabelschnur durchbiss und sich zwischen zitternden Bergen von Nachgeburt mühsam aufrappelte. Während Pilles Kind vom Kopf bis zur Hüfte den glatten Körper eines Seehunds hatte, hüpfte es von dort abwärts auf zwei stämmigen und behaarten Menschenbeinen umher, zwischen denen ein winziger Penis hing, der von einem Nest klatschnasser Schamhaare umrankt war. Das Seehundskind rappelte sich auf die Beine, torkelte nervös über das Deck und schlug ständig seine Flossen hilflos aneinander. Anstatt zu sprechen, gab das Wesen ununterbrochen ein nervös-debiles „Ak Ak Ak“ von sich.

Pille wusste nicht, was er tun sollte. Er dachte daran, bald Windeln kaufen zu müssen. Dabei wusste er gar nicht, wie man das macht. Würde er überhaupt Windeln kaufen müssen? Brauchte dieses neugeborene Ding, das schon jetzt mehr Haare am Sack hatte als er, überhaupt Windeln? Vor ihm saß immer noch, seelenruhig, aber erschöpft, die Seehundprostituierte, die er für 25 Euro beim Fischen geschwängert hatte, und am anderen Ende des Bootes hüpfte ein grenzdebiles Mischwesen übers Schiff, das allen Anschein nach sein Sohn war, und pickte mit seinem Maul die stinkigen Reste eines missglückten Fischzugs ein.

Einige dunkle Wolken hatten sich mittlerweile vor die Sonne geschoben. Es sah nach Regen aus und ein grimmiger Wind kam auf. Die Seejungfrau wandte sich ab.

„Hey, Seemann. Nichts für ungut. Aber ich muss mal weiter, pass gut auf den kleinen Racker auf. Du kriegst das schon hin", hauchte sie gegen den Wind.

Noch bevor Pille irgendetwas sagen konnte, was das weitere Sorgerecht oder Erziehungspflichten ihres gemeinsamen Kindes anging, sprang seine Seehundsbraut ins offene Meer und schwamm zielstrebig Richtung Norden. Als Pille ihr hinterher sah, konnte er am Horizont bald nur noch vage die Umrisse eines einsamen Seehundes entdecken. Er schnaufte schwer, blickte kurz zu seinem Kind rüber, das wackelig übers Deck tanzte und ohne Pause „Ak Ak Ak" schrie.

Pille drehte mit zitternder Hand eine weitere Zigarette und ließ sich am Steuer in den grünen Sessel fallen. Langsam drehte er das Schiff und steuerte auf das Festland zu. Während er von weit hinten auf seinem Schiff ein monotones „Ak Ak Ak" hörte, drückte er die Zigarette aus und dachte an die alte schwere Schaufel, die immer noch irgendwo unter Deck rumlag.

Die Frau mit dem Alltag

Wir sprachen darüber.
Nicht über den Mann mit dem Bart
oder das Kind mit der Warze
oder die Katze mit Hut
oder die Dicke mit dem Leberfleck,
der sich wie ein liebes Herz über ihre Wange zieht,
oder den Typ mit der Versicherung,
der nix bezahlen will, was er nicht berühren kann,
oder die Seltsame mit den Problemen beim Umtausch.
Wir sprachen von Dingen, die sie nicht fassen kann.

Die Frau mit dem Alltag.
Wir sprachen darüber.
Irgendjemand lachte,
irgendjemand lächelte.
Wir zwei vielleicht,
mit triefenden Nasen
in unsere bleichen Schultern vergraben,
Nestwärme im Ostwind imitierend.

Die Frau mit dem Alltag.
Ob ich auch einen habe,
das will sie wirklich wissen.
Und irgendjemand lachte.
Und irgendjemand lächelte.
Etwas ungelenk und zitternd,
in diesen braunen tiefen Blick hinein.
So, als werfe man einen Kiesel in einen tiefen Brunnen,
dessen Boden nicht ansatzweise zu sehen ist.

Die Frau mit dem Alltag
fragte nach dem meinen.
Und irgendjemand lachte.
Klar schieße ich zurück.
Und lächele.
Nur den Zusatz zum Sachtitel lasse ich weg,
als sie auf der Bühne verschwindet.

Die kleine Spinne Pup

Als die kleine Spinne Pup geboren wird, bringt ihre Mutter ungefähr 10.000 weitere Kinder zur Welt. Pups Mutter Prap ist eine sehr große Spinne mit einem wunderbar funkelnden schwarzen Pelz auf dem Rücken.

Vor einiger Zeit und kurz nachdem ihre zahlreichen Kinder gezeugt wurden, hatte sie ihrem Mann, einem kleinen gebrechlichen, aber sehr flinken Spinnenherren, der in der Nacht zuvor überraschend an der Schwelle ihres Netzes aufgetaucht war, den Kopf abgebissen und saugte ihn anschließend aus. Eigentlich wollte sie das nicht, aber nach dem Kindermachen hatte Prap wie immer so einen großen Hunger und da hat sie ihren Mann gegessen, weil nichts anderes da war. Im Übrigen war das sowieso zwischen Herrn und Frau Prap vorher im Rahmen eines mit Blut besiegelten Ehevertrags abgemacht worden. Weil der flinke Spinnenmann schon früh von seiner Mutter zu hören bekommen hatte, dass ihm als Spinnenmann sowieso die erstbeste Frau seines Lebens den Kopf abbeißen und seine Lebensdauer somit sehr beschränkt sein würde, hatte er sich seinem Schicksal gefügt und von vornherein keinerlei berufliche Laufbahn angestrebt, obwohl er gern KfZ-Mechaniker oder Generalfeldmarschall geworden wäre. Stattdessen hatte er höchst erfolgreich mit seinen Brüdern in diversen Geisterschlössern, Messiewohnungen und Hutkrempen rumgelungert, bis er unter einer morschen Holzveranda die fesche Frau Prap mit ihren verführerischen langen Beinen traf und mit einem Mal sehr genau wusste, dass er für diese Frau sterben wollen würde.

Wie die kleine Spinne Pup so frisch geboren neben ihrer Mutter liegt, blinzelt sie vorsichtig mit ihren acht Augen in die warme Septembersonne. Kurz danach wird sie mit ihren abertausend Geschwistern von einem kräftigen Windstoß vom Fensterbrett ihrer Geburt in einen herbstlich farbenfrohen

Garten hinausgeblasen, was alle Spinnenbabys zu einem kindlichen Kichern veranlasst, wie man es aus dem Freibad kennt, wenn der Bademeister das Wellenbad anwirft.

Mutter Prap ist vom Kinderkriegen so erschöpft, dass sie sich erst mal hinlegt und viele Stunden schläft. Wenn sie aufwacht, wird sie merkten, dass es November ist. Ihr wird ganz kalt an den Füßen sein. Mit schweren Schritten wird sie in den Keller des zu der Holzveranda gehörigen Einfamilienhauses gehen und den Winter über in einer dunklen Ecke sitzenbleiben, wo sie ihr struppiges Fell ein ums andere Mal bürsten und sich von dahergelaufenen Milben und toten Fliegen ernähren wird. Nach eigenen Aussagen ist die Spinne Prap mit ihrem bisherigen Leben ganz zufrieden.

Ihre kleine Tochter Pup trägt der Windstoß weit hinaus bis in den bunten Garten. Nicht ganz bis hinter das alte Holzhaus, welches es mal im Angebot bei einem Baumarkt vor der Stadt gab, aber immerhin vorbei an den Johannis- und Stachelbeer-Büschen und über das frisch angelegte Grünkohlbeet hinweg. Aus dieser Vogelperspektive kann die Spinne Pup bei ihrem Flug noch die Tautropfen sehen, die an den Grashalmen kleben. Der Wind trägt sie direkt bis auf das große grüne Blatt der alten Kastanie, die schon da stand, als hier noch nicht mal an einen Garten gedacht wurde.

Hätte die kleine Spinne Pup die Kastanie gefragt, wie es hier früher ausgesehen hat, hätte sie einiges zu hören bekommen. Die alte Kastanie konnte sogar noch den Knall der Fliegerbombe imitieren, die vor knapp 60 Jahren neben ihr einschlug und einiges von ihrem westlichen Wurzelwerk weggerissen hatte. Aber wie die Spinne Pup die alte Kastanie über die Zeit *vor* dem Garten ausgefragt hat – das ist eine komplett andere Geschichte.

Die Spinne Pup ist froh, dass sie nicht mehr mit dem Wind fliegen muss, denn sie hat festgestellt, dass ihr vom Fliegen schlecht wird. Mit zitternden Beinen kauert sie sich in der Mitte eines großen dicken Kastanienblattes. Neben der kleinen

Spinne Pup sitzt eine große Raupe auf dem Blatt.

Die Spinne Pup mag auch keine Raupen, denn von denen wurde ihrer Mutter immer ganz schlecht, weil sie eine ausgeprägte Raupenallergie hatte, die allerdings nicht an ihre Tochter weitervererbt wurde. Aber jetzt gerade auf dem großen Blatt hat die Spinne Pup einen Wahnsinnshunger und sieht, wie die Raupe behäbig an dem Blatt knabbert, auf dem sie beide sitzen. Weil sie so einen großen Hunger hat, baut die Spinne schnell ein Netz, aber weil es das erste Netz ist, das sie in ihrem Leben baut, sieht es noch etwas schief und krakelig aus, aber trotzdem ist die kleine Spinne ganz stolz, eben weil es ihr erstes selbstgebautes Netz ist und trotzdem sehr stabil zu sein scheint. Jetzt wartet die kleine Spinne Pup, bis die Raupe sich in dem schiefen Netz verheddert hat und sich so einwickelt, dass sie nicht mehr wegkommt. Vorsichtig krabbelt sie zu der eingeschnürten Raupe hin und flüstert ihr etwas ins Ohr. Daraufhin muss die Raupe ganz laut lachen und als sie sich vor lauter Lachen ganz doll krümmt, piekt ihr die kleine Spinne mit ihrem winzigen Giftstachel in den Po. Die kleine Spinne spürt, wie ein Nervengift langsam aus ihren Drüsen in die eingeschnürte Raupe schießt. Das bereitet ihr ein ganz wohliges Gefühl im Unterleib. Als die Raupe ganz schlaff und tot im Netz hängt, beginnt die kleine Spinne Pup, sie auszuschlürfen. Jetzt ist sie auch noch ganz stolz auf ihre erste selbstgefangene Raupe und würde das gern ihrer Mutter erzählen.

Offen gesagt, war die Raupe an Pups persönlichem Erfolg nicht ganz unschuldig, denn sie war eine sehr depressive Raupe, die sich selbst mit der verlockenden Zukunft als Schmetterling nicht anfreunden konnte. Sie wollte sich just in dem Moment von dem Baum stürzen, als Pup neben ihr landete. Doch als sie die kleine halbverhungerte Spinne sah, wusste die Raupe, dass sie dieser Spinne mit ihrer Lebensmüdigkeit noch was Gutes würde tun können. Die Gründe dafür sind aber im großen und ganzen Verlauf der Naturgeschichte auch egal, denn als erste selbstzubereitete Mahlzeit war die Raupe so ziemlich das Leckerste, was die kleine Spinne je gegessen hat.

Hinterher ist die kleine Spinne Pup so satt und glücklich, dass ihr dicker Bauch eher das Blatt berührt als ihre acht dünnen Beine. Die nächsten drei Tage sitzt sie deshalb auf dem Blatt in ihrem ganz gemütlich eingerichteten Netz und kann sich nicht bewegen. Mit ihren acht Augen schaut sie deshalb einfach ein bisschen im Garten umher und freut sich jedes Mal, wenn nachts erst der Nebel vom Flussufer aufzieht und in der Dämmerung von den ersten Sonnenstrahlen gefressen wird. Da merkt sie, dass nicht nur sie ganz viel Freude am Fressen hat, sondern auch alle anderen um sie rum, zum Beispiel auch die Sonne. Und wenn das alle tun, dann muss es ja wohl richtig sein, denkt die kleine Spinne am Ende des zweiten Tages, als sie noch einen Schluck Raupenbrühe schlürft und zufrieden einschläft.

Als die kleine Spinne tagelang so unbeweglich und vollgefressen dasitzt, hat sie ein bisschen Angst, dass eine von den großen schwarzen Amseln, die zwischen den Ästen des Baumes umherfliegen, sie entdecken und ihrerseits fressen könnte. Immer wenn eine Amsel ihrem Netz zu nahe kommt, versteckt sie sich hinter den Resten der eingesponnen Raupe und hofft, dass keiner von den komischen Vögeln sie entdeckt. Als sie am vierten Tag nach ihrem Festmahl wieder einigermaßen laufen kann, empfindet die kleine Spinne etwas ganz seltsames. Sie weiß, dass es auf dem Baum, in ihrem heimeligen Netz mit einer fetten Raupe in der Speisekammer ganz nett ist, aber auch ein bisschen langweilig. Auch die Nebelschwaden und die schwarzen Vögel kommen ihr mittlerweile lahm vor, denn das alles scheint ihr, als hätte sie es mittlerweile schon tausendmal gesehen.

Als die Sonne an diesem Tag hoch über der Kastanie steht und nur wenig Licht durch ihre Blätter dringt, fasst die kleine Spinne einen Entschluss. „Ich glaub, ich muss hier mal raus.

Vielleicht mal einkaufen. Um den Block. Da werde ich ja sehen, wie es weitergeht", murmelt sie und schnippst mit zwei Beinen eine zufällig vorbeikommende Blattlaus in die Tiefe. Dann reckt und streckt sich die kleine Spinne, reißt ihre mandibelbewehrte Schnute zu einem lautstarken Gähnen auf und tastet sich vorsichtig am Stiel des Kastanienblattes entlang. Als sie mit einigen seltsamen Tanzbewegungen den Stamm der Kastanie erreicht, beglückwünscht sie sich innerlich zu ihrer weisen Entscheidung und singt ein Lied, das ihr gerade eingefallen ist. Da die kleine Spinne keinen Stift dabei hat, ritzt sie den Titel des Liedes in die Rinde der Kastanie, die ihr das freiwillig, aber nicht ganz uneigennützig anbietet. Denn irgendwie ahnt der uralte Baum, dass dieses Lied mit dem Titel „Du kannst nicht immer nur an einer Raupe lutschen" mal ein veritabler Hit werden könnte, aus dessen Einnahmen sich das ganze Land um sie herum in nicht allzu ferner Zukunft aufkaufen ließe.

Für die kleine Spinne Pup sind das alles Sachen, von denen sie nichts ahnt, geschweige denn wissen will. Nach der Kletterei in schwindelerregenden Baumhöhen ist sie erst einmal sehr müde. Außerdem stellt sie fest, dass das Wetter Ende November auch immer beschissener wird und beschließt, den Rest ihres ersten Winters unter der Rinde der gastfreundlichen Kastanie zu verschlafen.

No Finnisch, but cry

Das Licht ist schneller als die Bewegung. Und die Bewegung ist schneller als der Ton. Jemand ruft mich auf dem Handy an. Bevor es klingelt, blinkt hektisch das Display und das Telefon vibrierte wie ein Maikäfer beim Brunftflug.

Ich sitze bei Hanna, wir schauen uns alte G.G.-Allin-Videos auf ihrem Laptop an. Hanna ist um einiges jünger als ich, sie hat von G.G. Allin noch nie was gehört. Das passiert mir in letzter Zeit öfter. Früher dachte ich, G.G. Allin sowie sein Leben und Werk gehören zur Allgemeinbildung wie das Gründungsjahr der Bundesrepublik oder die Jahre, in denen Deutschland Fußballweltmeister wurde. Aber niemand kennt mehr G.G. Allin. Diese Feststellung allein wäre vielleicht mal einen Songtitel wert.

Da Hanna also G.G. Allin nicht kennt, ist einiges an Musikgeschichte nachzuholen. Wir sitzen wir auf ihrer gemütlichen Couch mit dem bunten Überwurf aus dem Indienurlaub bei einer Tasse Tee und schauen uns auf YouTube G.G.s beste Auftritte in erbärmlicher Qualität an, als das Telefon klingelt.

Eine Festnetznummer aus Berlin, die ich nicht kenne. Es gibt eine Menge Menschen, die so einen Anruf einfach ignorieren würden – ich bin da anders. Tendenziell nehme ich alles an, was auf meinem Handy reinkommt. Da ist es mir egal, ob unbekannte Nummer oder ob die Nummer gar unterdrückt ist – als Mensch mit Punkrockvergangenheit habe ich eh eine gewisse Sympathie für alles Unterdrückte. Diese Paranoia mit den unbekannten Nummern geht mir etwas ab. Ich meine, was soll da passieren? Wenn's ein böser Mensch ist, der mir was aufschwatzen will, leg ich auf. Wahrscheinlich gibt es eine Menge paranoider Geschichten, die man sich zu Datenklau und Geldraub per Handyanruf ausdenken kann. Aber es gibt genug Menschen, die vor unbekannten Nummern zittern, als würde Satan persönlich als Anruf auf dem Display erscheinen.

Eine Nummer, die sie nicht kennen, da gehen sie gar nicht ran. Wer soll das sein? Sollte mich jemand anrufen, dessen Nummer ich nicht kenne? Das wäre ja – verrückt? Dass jemand mit mir sprechen will? Verbal auf mich zugeht? Eine nicht auszudenkende Möglichkeit baut sich vor mir auf. Vielleicht ist es ja ein lang verschollener Freund, der sich von einer fremden Festnetznummer meldet. Oder ein hübsche Frau, die aus Langeweile ein paar Ziffern getippt hat, weil sie sich mit mir auf einen intimen Nachmittag zu zweit in ihrer 200-qm-Belle-Etage-Wohnung in Mitte treffen will und mir dann noch detailliert schildert, wie der goldfarbenen Satinmorgenmantel, den sie gerade trägt, langsam von ihren Schultern fließt.

Deshalb nehme ich jeden Anruf an, der bei mir ankommt. In diesem Fall ist es keine junge Frau. Es ist ein Mann und er fragt, ob ich finnisch spreche. Während Hanna G.G. Allin bei einer Nacktprügelei auf YouTube pausieren lässt (und dabei sein extrem kleiner Penis im Standbild noch schrumpeliger aussieht) frage ich den Mann, warum er das wissen will. Der Mann ist von einer Filmproduktionsfirma und hat meine Nummer von einer Komparsenagentur, von der ich nicht mal mehr wusste, dass ich mich da mal angemeldet hatte. Es stellt sich heraus, dass ich im Aufnahmeformular der Agentur angegeben habe, dass ich Finnisch spreche. Eine interessante Information, von der ich mich frage, warum ich sie so leichtsinnig weitergegeben habe. Ich glaube, das war in dieser Viel-hilft-viel-Phase. Die Viel-hilft-viel-Phase ging so: Ich bewerbe mich bei allen möglichen Komparsenagenturen und gebe jegliche Fähigkeiten und Kenntnissen an, die ich irgendwann mal gesammelt habe. Gut möglich, dass darunter auch ein paar Brocken Finnisch waren, die ich großzügig als fließende Finnischkenntnisse angegeben habe.

Während mir der unbekannte Mann am Telefon erklärt, was er von mir will, suche ich schon mal gedanklich meinen gesamten Finnischsprachschatz zusammen.

Die Zahlen von eins bis zehn. Yksi, kaksi, Kolme. Guten Tag und Gute Nacht. Hyvä päivä. Wie geht's? Hyvä. Katze. Kissa. Hund. Koira. Ich bin Deutscher. Ich wohne in Berlin. Scheiße. Verflucht. Salami, Schnaps. Tod, Blinddarm, eitrige Geschlechtskrankheit mit acht Buchstaben ... so was. Das könnte reichen. Glaube ich.

Natürlich bejahe ich die Frage, ob ich Finnisch kann und schieße zur Demonstration mein Finnischvokabular gutgelaunt ab. Dazwischen streue ich noch den Titel eines meiner Lieblingslieder einer Indieband aus Lettland, das so viel wie „Die Tauben auf dem Hinterhof" bedeutet. Der Mann am Telefon ist hörbar beeindruckt. Armer Teufel. Kann ja nicht wissen, dass das schon alles war. Aber egal, es gibt Geld zu verdienen, für alles Weitere lädt er mich für den nächsten Tag in den Wedding ein. Ein Anzug ist mitzubringen.

Nach dem Telefonat sitzen Hanna und ich weiter auf dem Sofa. G.G. Allin hat mittlerweile eine Platzwunde am Kopf. Er hat auf die Bühne geschissen und bewirft das Publikum mit einem Teil der Kacke, die da jetzt griffbereit rumliegt. Ein Klassiker. Den Rest schmiert er sich mit beiläufiger Eleganz auf den ganzen Körper. Irgendwann schlägt er auch nach dem Kameramann und das Video ist zu Ende.

Am nächsten Tag stehe ich mit meinem geliehenen Anzug im Gepäck in einem kleinen Hinterhof im Wedding. Menschen, die aussehen als wären sie im zweiten Monat ihres unbezahlten Irgendwas-mit-Medien-Praktikums, tun vielbeschäftigt und wirken irgendwie überfordert. Außer mir stehen noch zehn weitere Herren aus allen Kontinenten in Anzügen rum und wirken gelangweilt oder desorientiert. Was wir Anzugträger in diesem kleinen Hinterhof machen, weiß keiner. Ein schlaksiger Typ mit Hornbrille kommt auf mich zu und stellt sich als der Mann vom Telefon vor. Er führt mich eine Treppe hoch zu einem kleinen Glashaus. Dort wird gedreht, oben steht ein Bürotisch, daneben ein Punchingball in Menschenform. Gegenüber vom Tisch hantiert ein Glatzkopf an einer winzigen Digitalkamera.

Die Hornbrille erklärt mir, worum es geht und so langsam bereue ich, dass ich vor ewigen Zeiten mit meinen Finnischkenntnissen geprahlt habe. Es zeichnen sich die Konturen dessen ab, was hier passieren soll. Im Nebenzimmer lege ich meinen Anzug an, wie ein Krieger, der in seine Rüstung steigt. Zurück im Drehraum kommt der Glatzkopf auf mich zu und schüttelt mir freundlich die Hand.

„Ah, du bist also der Finne." Das muss ich verneinen, leider. Zehn finnische Sprachfetzen verwandeln mich leider noch nicht in einen schweigsamen, aber eloquenten Nordeuropäer, der jetzt viel lieber in einer karelischen Sauna Fingerhakeln würde.

„Aber du sprichst doch finnisch, oder?" Na ja, wie soll ich sagen. Also, ich kann sprechen, meine Stimmbänder sind ok, das war ja auch nicht immer der Fall und mein Sprachzentrum im Gehirn ist so weit ausgebildet, dass ich mich in Deutschland und auch im englischsprachigen Raum ganz gut verständigen kann. Zählt Finnland auch zum angloamerikanischen Sprachraum?

Der Glatzkopf lächelt jetzt nicht mehr, sondern schaut mit Stirnrunzeln und runtergezogenen Mundwinkeln die Hornbrille an, der schmächtig neben ihm steht und immer kleiner zu werden scheint. Ich frage mich, wer in der Beziehung der beiden wohl den dominanten Part übernimmt.

Nach kurzer, bedrohlich wirkender Stille entscheidet der Glatzkopf, dass wir es trotzdem probieren. Er bittet mich, mich an den Schreibtisch zu setzen, dann zaubert er ein DIN-A 4-Blatt mit Regieanweisungen hervor. Der Dreh ist ein Werbespot über einen Werbespot, in dem ein Arbeitsloser einen Punchingball in Menschenform erfunden hat und nun anbietet, dass weitere gefrustete Arbeitslose bei ihm diesen Punchingball und dazu das ausgedruckte Foto ihres letzten Chefs bestellen können. Das Foto klebt man dann auf den Punchingball und hat sich so für teures Geld eine wunderbare Ich-prügel-meinen-Chef-Frust-Ablademaschine zugelegt.

Super Idee. Ob der Glatzkopf sich den Plot ganz allein ausgedacht hat, oder hat die devote Hornbrille eventuell geholfen?

Die Regieanweisungen auf dem Blatt sind natürlich nicht in Finnisch, sondern auf Deutsch. Erst jetzt entdecke ich neben dem Dummy ein paar Boxhandschuhe. Das passt ja alles glänzend. Mein Job ist es also, so erfahre ich weiter,

1.) die Regieanweisungen rasend schnell in meinem Kopf ins Finnische zu übersetzen und dann

2.) mir spontan einen finnischen Text auszudenken, der das Produkt anpreist und dann

3.) die Boxhandschuhe anzuziehen und die Schlagkräftigkeit des Punchingballs zu demonstrieren. Dabei soll ich natürlich fortwährend auf Finnisch kommentieren, was ich da gerade tue.

Glatzkopf und Hornbrille stehen jetzt gemeinsam hinter der winzigen Kamera und schauen mich erwartungsvoll an. In meinem Kopf blinken die Alarmleuchten mit der Aufschrift „Tu was! Tu was! Tu irgendwas!" und „Was mache ich hier eigentlich!" in kurzer Abfolge hektisch abwechselnd auf. Ich bin verwirrt. Was soll ich tun? Einfach die Augen zu machen und hoffen, dass dieser seltsame Traum bald vorbei ist? Dass Glatzkopf und Hornbrille nur in meiner Fantasie bestehen? Vielleicht zähle ich einfach laut auf Finnisch von eins bis zehn und keiner merkt es. Was soll's, das ist wohl eine von den Situationen in denen schonungslose Ehrlichkeit wohl am besten hilf. So als Hitlers Adjutanten Ende April 45 im Führerbunker offen legen mussten, dass kein Bier mehr im Kühlschrank ist. Ich gebe also zu, dass mein Finnisch vielleicht in einer Bar am Polarkreis ausreichen würde, aber für einen Werbespot doch eher unzureichend ist. Und dass ich mich jetzt langsam wieder umziehen und dann nach Hause gehen werde. Weder die Glatze noch die Hornbrille sind von meinem ausgefeilten Plan beeindruckt. Der Glatzkopf lächelt wieder, jetzt etwas eindringlicher und diabolsicher und sagt nur: „Wir probieren es einfach mal."

Scheiße.

Da sind wir also. Ich sitze in einem Dreh für einen Werbespot und soll auf Finnisch einen Boxsack anpreisen, mit dem Gesicht meines fiktiven Ex-Chefs. Kaum sitze ich an dem Schreibtisch, fange ich an zu schwitzen. Jetzt sind alle still im Raum. Die Glatze fummelt noch an seiner billigen Kamera rum, die Hornbrille grinst mich blöde an. Dann geht es los.

Das nun folgende „Und Bitte" klingt weniger charmant als fordernd. Ich weiß, ich sollte jetzt was sagen. Auf Finnisch. Irgendwie anfangen. Kurz bevor die Glatze das Startzeichen für diesen historischen Dreh gibt, höre ich noch dieses Klicken. Ein kurzes prägnantes Geräusch, so wie als würde man einen Lichtschalter umlegen. Aber ich bin der Einzige, der das Klicken hört, denn nur in meinem Kopf wurde gerade ein Schalter umgelegt, ein Relais geschaltet, dass das komplette Vernunftszentrum in meinem Kopf einfach umfährt. Ich habe gerade mein Gehirn ausgeschaltet, alles, was jetzt aus meinem Mund kommt und bei diesem Werbespot in die Kamera läuft, ist nicht durch eine geistige Leistung meinerseits entstanden. Es ist, als würde ich in Zungen reden, Wortfetzen einer Fantasiesprache fließen mir aus dem Mund, finnische Da-Da-Silben, lettische Begriffe für Tauben, Hinterhöfe und Scheiße vermengen sich zu einer Sprachknete, die sich formt, dehnt, wieder zerfließt und dabei irgendwie doch wunderbar klingt. Das, was da aus meinem Mund fließt, hat aber mit Finnisch so viel zu tun wie mit Klingonisch. Zwischendurch lasse ich noch ein paar Klicklaute einfließen, die ich mir als Kind mal aus einem Fernsehfilm über die Wüste Kalahari abgeschaut habe. Ich starre in die Kamera und sage irgendwas. Im Hobbitland würden sie mit dieser linguistischen Meisterleistung Dämonen beschwören. Oder dieselben Dämonen vielleicht auch zum Totlachen bringen. Nach meinem kreativen Monolog über den Punchingball ziehe ich die Boxhandschuhe an und rede währenddessen immer weiter. Irgendwas, totale Logorrhoe fließt aus meinem Mund. Verbaler Dünnpfiff, den kein Mensch auf der ganzen Welt verstehen kann. Ein einziges Cut-away-Esperanto. So langsam gehen mir die Wörter aus, ich wiederhole alle finnischen Silben und finnisch klingenden Laute, die mir einfallen, als würde mein Verbal-Maschinengewehr den letzten Patronengurt verballern. Ein einziger dicker finnischer Kartoffelwortbrei kleckert in sämigen Tropfen in den Raum. Dann sind der Worte genug getan. Mir fällt nichts mehr ein, was irgendwie Finnisch klingt.

Während ich mit den Handschuhen an den Fäusten auf den Punchingball einschlage, brülle ich nur noch: „Häkkinnen! Numminen! Kaurismäki!" Der Anzug verrutscht, die Krawatte ist schon auf dem Weg nach Lappland, Schweiß bricht aus. Ich stelle mir vor, der Dummy ist Glatzkopf und Hornbrille in einem und schlage noch mal fester zu. Matti Nikkänen, komm raus, du Sau und lass uns übers Fingerhakeln diskutieren. Komm raus, du finnischer Saunaarsch, ich fick dich sowieso!, denke ich. Mein Kopf ist rot wie ein Sonnenuntergang im Finnischen Meerbusen. Der Dummy wackelt bedrohlich hin und her, ich verpasse ihm eine ganze Armee von Haken, die ihn nach links und rechts taumeln lassen. Dann eine Jab von der Seite, ein ungezielter Brecher von unten und das aufgeklebte Papiergesicht des Chefs fliegt vor mir auf den Boden. Ich brülle jetzt einfach weiter, unkontrolliert, aber auch Worte sind egal. Zwischendurch stampfe ich mit den Füßen auf dem Foto des Chefs rum und spucke ihm mitten ins Gesicht. Aus den Augenwinkeln erkenne ich, wie sich alle Praktikanten und Telefonmänner sich neben dem Glatzkopf hinter der Kamera verschanzt haben und mich schweigend anstarren.

Ich trommle weiter unrhythmische Blastbeats auf den Dummykörper, wie es der Drummer einer Death-Metal-Band nicht besser könnte. Irgendwie ist das gar nicht so schlecht, merke ich. Nach dem ganzen Scheiß hier geht es mir bei der ganzen Schlägerei wirklich besser. Ob man dieses Ding wirklich kaufen kann? Ich würde es jetzt glatt tun. Ob der Glatzkopf und die Hornbrille mir ihre Fotos für zuhause geben?

Langsam schwinden meine Kräfte. Der Dummy fängt sich einen letzten dramatischen Schwinger, dann drehe ich mich rum, und schleudere als letzten Akt der Tragödie dem Glatzkopf die Boxhandschuhe an die Stirn. Ich beende meine Performance mit einem lauten, ernstgemeinten „PEEEEERKELL-LEEEE“, das hasserfüllt aus der Tiefe meines knallroten Kopfes der gesamten spackigen Filmcrew stellvertretend für die ganze Werbefilmbranche entgegen knallt. Dann falle ich auf die Knie und stütze mich mit den Händen auf dem Boden ab. Meine Stirn juckt, weil mir die Haare ins Gesicht fallen.

Als ich mich wieder in meine Alltagsklamotten geschmissen habe, ist am Set jetzt alles wieder ruhig. Die Hornbrille bittet einen Anzugträger nach dem anderen an den Schreibtisch und erklärt ihnen, was sie in ihrer Landessprache erzählen sollen. Der Glatzkopf kommt auf mich zu. Er dankt mir für meine Kooperation und versichert mir, dass das alles ganz toll war und dass sie sich in den nächsten Tagen noch mal melden, falls sie mich noch mal brauchen. Ich grinse müde und frage ihn, was die Tochter von G.G. Allin jetzt eigentlich so macht. Als er ein nichtssagendes Grinsen aufsetzt, klopfe ich ihm verständnisvoll auf die Schulter und laufe zur Bahn.

Solea mit Steinen

Vielleicht sollte ich weniger Bukowski lesen. Eigentlich lese ich gerade gar nicht Bukowski, sondern ein Buch über ihn, von Barry Miles. Der hat eine Biografie über Hank Chinaski geschrieben, keine Ahnung, ob die gut ist, mir gefällt sie allerdings. Naja, aber eine Biografie über Bukowski ist auch nicht gerade eins von den Büchern, die dich dazu bringen, die Welt positiver zu sehen.

Genau. Positive Welt, da draußen. Hallo, Posi-Welt, wie geht's denn so? Alles ok? Na, dann kann ich ja erst mal die Hecke schneiden. Oder den Rasen mähen.

Super, super, Posi-Welt.

Deshalb laufe ich in meiner neuen Heimat Kreuzberg oft durch die Straßen und merke, dass Berlin mich anpisst. Eh, nicht nur Berlin. Das Leben an sich pisst mich gerade an. Wie ein struppiger Straßenköter, der stinkend auf mich zuläuft und dreist glotzend an mir sein Bein hebt. Ich kann nicht sagen, woran das liegt. Es geht mir alles auf die Nerven.

Ich gehe zur Haustür raus und sehe seltsame Gestalten davor stehen. Junge Männer, die stumm zu mir rüberglotzen und nach zwei Minuten im Hinterhof verschwinden. Sie sind wie Stichlinge in einem Bach. Man sieht sie und wenn man sie fangen will, sind sie weg. Sind nicht zu kriegen. Die Stichlinge stehen fast zu jeder Tageszeit vor dem Internetcafé im Vorderhaus. Was sie machen, erschließt sich mir nicht. Wochenlanges Rumstehen vor einer Haustür ist meiner Meinung nach ein sehr öder Zeitvertreib, auch wenn es an einer belebten Kreuzung mit U-Bahnhof in der Hauptstadt ist. Da würde mir was fehlen. Aber vielleicht haben die Stichlinge alles, was sie brauchen. Manchmal finde ich im Hausflur eine leere Dose Red Bull und daneben ein Fläschchen Wodka. Ich glaube, davon leben die Stichlinge. Es interessiert mich auch nicht. Ich weiß nur, dass ich ihnen nicht traue.

Wenn ich durch den Stichlingsschwarm hindurch auf die Straße trete, ist es sofort laut. Man wird sofort ins Leben geschmissen. Der Görlitzer Bahnhof konfrontiert dich unmittelbar mit Dreck, Lärm, Touristen und Gebraucht-Fahrkartenvertickern. Es gibt keine Vorwarnung, keine Aufwärmphase für all das. Du bist mittendrin in Kreuzberg. Wie man so gern verschönernd sagt: „Mitten im Leben." Aber was für eins.

„Is it too late to vaccinate?", fragen Mardi Gras BB gerade etwas verschüchtert aus meiner Anlage. Zu spät zum Impfen? Ich weiß es nicht. Ich glaube eher, es ist allgemein zu spät. Haltet das Floß hart backbord, der Wasserfall ist zu sehen. Leider ist die Strömung zu stark, wir werden es wohl nicht bis ans Ufer schaffen.

Auch wenn es lauter ist als dort, wo ich vorher gewohnt habe, gefällt es mir trotz des nervösen Gewusels vor meiner Haustür, durch das man jeden Tag mit großen Schritten watet, doch besser.

Das Bukowskibuch. Jeden Tag lese ich darin. Erfahre was über das Leben von Fred B. War doch nicht so ein harter Kerl, wie es einem immer vorkommt. Die Geschichten waren nun mal immer Geschichten, auch wenn sie manchmal einen wahren Kern hatten. Aber ein weicher Kerl war er auch nicht. Ich finde Parallelen. Zu mir. Am liebsten liege ich im Augenblick in meinem Zimmer. Und tue nichts. Gar nichts. Im Gegensatz zu Monsieur Le Buk saufe ich nicht mal. Bin nicht so ein bohème-fertiger Poet, der morgens die Flasche Whisky an- und sie bis zur Dämmerung nicht mehr absetzt. Auch wenn ich jetzt in einer WG wohne, bin ich lieber in meinem Zimmer und mache meine Tür zu. Und die Fenster auch. Dann höre ich die Sirenen der Notarztwagen nicht, die unten vorbeidreschen. Höre die Hupen nicht, und höre auch nicht das Technogewummer der Bässe aus den Prollkarren an dem Ampeln, das bis in den vierten Stock hochscheppert. Ich höre das alles nicht. Weil die Fenster gut sind. Es gibt doch gute Fenster im schlechten Leben.

Dass ich meistens in meinem Zimmer liege und die Wand anstarre, heißt nicht, dass ich meine WG nicht gut finde. Es ist besser, sich eine Wohnung mit drei Leuten zu teilen, als allein zu wohnen. Für mich zumindest. Es ist besser, das Knarren der Schritte meiner Mitbewohner zu hören als in einer Singlewohnung voller Angst im Bett zu liegen. DORT Geräusche zu hören, jedes Knacken zu registrieren, das das Holz im Flur von sich gibt, wenn es arbeitet und ich glaube, meist tut es das nachts. Holz scheint – im Gegensatz zu mir – ein sehr guter Nachtarbeiter zu sein.

Jedes Knarren zu hören und nicht zu wissen, WOHER es kommt, machte die Alleine-Wohnen-Paranoia nicht besser. Hier weiß ich das. Es sind Menschen, mit denen ich jetzt wohne. Menschen, die Geräusche machen, die Musik hören, mit denen ich morgens oder mittags zumindest ein bis zwei Worte wechseln kann. Mit denen ich gern einen Kaffee teile. Ich weiß, wo die Geräusche herkommen. Es gibt keine halbwahren Horrorstorys von Vormietern, die die Wohnung „geräumt" haben, weil sie gestorben sind. Hier ist das Karma zwar auch nicht das, was Madonna jeden Morgen mit einer Schale Kabbalawasser zu sich nehmen würde, aber es ist so laut, dass die bösen Geister sich jetzt schon verpisst haben, weil ihnen das alles zu stressig ist. Da bleiben die schlechten Vibes lieber in einem schäbigen abgelegenen Hinterhof in Friedrichshain, können die Ein-Zimmer-Höhlenbewohner besser in die Depression zwingen, denn die Trostlosigkeit ist perfekt für Lebenskrisen aller Art.

Eine komische Wohnung war das. Überall Holzvertäfelung und dann noch von der üblen Art. Sah aus wie ein 70er-Jahre-Partykeller oder eine finnische Puffsauna. Der Trashfaktor war hoch und im ersten Augenblick auch überaus anziehend, aber zu viel. Die Decke im Wohn-/Schlafzimmer war KOMPLETT mit Kieferimitat-Schaumstoffplatten verkleidet. Die DECKE! Der Hof war total kacketot. Und kackelangweilig. Es gab nicht mal einen Baum mit Vögeln, Raupen, Ameisen oder so was. Da war gar nichts im Hof, nur alte Betonplatten. Das einzige Grün, das dort Fuß fassen konnte, war das schartige Moos, das aus den Ritzen zwischen den Betonplatten quoll. Man konnte den Nachbarn immer um Punkt sieben Uhr auf den Abendbrottisch glotzen. Vater, Mutter Kind, Katze. Es gab jeden Abend dasselbe. Butterbrote. Korrekt vom Biobauern. Mit Butter und Salz. Nach vorne raus war das Leben dort bestimmt nicht übel. Im Hinterhof ist das allerdings etwas anders.

Ende November im letzten Jahr habe ich aus Gründen, die mir nicht mehr bekannt sind, von meiner Singlewohnung aus angefangen, die Fenster gegenüber zu zählen. Es waren 24. Das war mein Glück, so kurz vor Weihnachten. Kurz darauf bin ich in einen weit entfernten Stadtteil gefahren. Einen, der nicht den besten Ruf hat. Einen Stadtteil, in dem der Großteil der dort Wohnenden, egal in welchem Alter und egal in welcher Jahreszeit, vorzugsweise mit Tarnhosen und Feinrippunterwäsche ihre Kampfhunde spazieren führt. Kämpfe um die Rangfolge von Mensch und Tier sind an der Tagesordnung. Ich glaubte, noch öfter als bei mir im Kiez eine Polizeisirene zu hören. In diesem Viertel ging ich in ein Sportgeschäft. Es war ein Sportgeschäft für Kampfsport, für Gotcha, für Paintball, für Sportschützen, für Kendosportler, halb legale Live-Rollenspiele, eigentlich für Verrückte aller Art. Sie hatten dort einfach alles: Gewehre, Pistolen, Schlagstöcke und Schlagringe, Chacos, Butterflymesser. Martialische Flaggen hinterm Tresen, manche mit seltsamen Kreuzen drauf. Einen kleinen dicken Verkäufer mit Bürstenhaarschnitt und Schäferhundtattoo auf dem Oberarm, dazu eine seidene Schnellfickerhose mit seitlicher Knopfleiste von Pitbull. Schwer atmend. Mit Lefzen wie der Hund von seiner Hosenmarke. Es gab ein Hinterzimmer für die wichtigen Geschäfte, die ohne Tageslicht besser zu machen sind. Es gab Gitter vor dem Schaufenster. In diesem Schaufenster stand ein Präzisionsgewehr, zu dem als Verpackung ein Gitarrenkoffer angeboten wurde. Ich kaufte in diesem Geschäft nichts von alledem, sondern etwas anderes. Eine Zwille. Ich hatte so etwas schon auf Demos gesehen. Wo Vermummte damit erfolgreich und zielgenau auf Polizisten schossen. Ich kaufte so eine Zwille, die einen Ausleger zur Stabilisierung hatte, den man sich auf den Unterarm legte.

Im Park gegenüber von meiner Wohnung sammelte ich ein paar Kieselsteine ein. Während der Herbst die letzten Blätter von den Bäumen kitzelte, machte ich dort draußen ein paar Übungen und schoss mit Steinen auf alles, was noch nicht den Zug nach Süden angetreten hatte. Einmal traf ich eine kecke Krähe am Fuß, ein anderes Mal zielte ich auf einen verirrten wintermüden Fuchs, verfehlte ihn aber um drei Meter. Einen Igel erwischte ich am Unterleib, so dass er sich zusammenrollte und ins Unterholz kullerte, wo er regungslos liegenblieb. Am nächsten Tag sah ich ein kleines Kind auf dem Spielplatz rumtrödeln, aber ich hatte nur kleine Steine dabei.

Dann kam der 1. Dezember. Aufgeregt öffnete ich mein Küchenfenster. Nahm einen Schluck Kaffee, legte ruhig atmend die Zwille an und zielte auf die Fensterfront gegenüber. Das erste Türchen im Kalender ist immer ein ganz besonderes.

Das erste der 24 Fenster meines ganz eigenen riesigen Weihnachtskalenders lag etwas weiter rechts und schräg unter meinem Fenster. Zweite Reihe von unten, drittes von links. Schnell schoss ich einen mittelgroßen Stein auf das Fenster. Er traf genau. Die Scheibe zersplitterte, ich schloss schnell mein Fenster und duckte mich mit dem Rücken zur Heizung auf den Boden. Atmete schnell. Wartete. Zehn Minuten. Zwanzig Minuten. Nichts passierte. Ich legte die Zwille weg und ging zur Arbeit.

Am 2. Dezember öffnete ich wieder das Fenster. Zielte diesmal auf das Türchen in meinem Kalender, durch das ich normalerweise der kleinen Familie aus dem zweiten Stock beim Bio-Abendbrot zuschaute. Die Küche war leer, an Abendbrot war noch nicht ansatzweise zu denken. Auf dem Fensterbrett langweilte sich die graue Katze, die mich immer von da unten anschaute. Diesmal ging alles schneller. Ich nahm einen großen schweren Kiesel, der dunkelgrau glänzte, legte an und ließ das Gummi flitschen. Dann schloss ich das Fenster und ging schnell ins Bad. Ich machte kein Licht an. Setzte mich auf den gefliesten Boden. Atmete schnell und flach.

Am 3. Dezember nahm ich ein Fenster in der obersten Reihe, das mittigste ins Visier, etwas über meiner Behausung gelegen. Ich hatte an diesem Tag frei und war vollkommen nackt, als ich einen kleinen Pflasterstein in die Zwille einlegte, die mittlerweile gut in der Hand lag. Ich zielte länger als gewöhnlich. Der erste Schuss ging daneben, also legte ich nach. Beim zweiten Schuss musste alles schneller gehen, aber dafür traf er perfekt. Ich vermutete, dass ich weniger denken und weniger zielen sollte. Alles würde irgendwie gehen. Wieder ging ich danach ins Bad, kauerte mich an die Heizung und wartete.

Jeden Tag im Dezember habe ich so ein weiteres Fensterchen in meinem Weihnachtskalender geöffnet, es war wahrscheinlich der größte und hässlichste Weihnachtskalender im ganzen Viertel. Wann meine Nachbarn das System dahinter entdeckten, weiß ich nicht mehr. Je länger der Dezember andauerte, desto ruhiger atmete ich danach. Vor jedem Schuss zog ich mich aus und ging eine bestimmte festgelegte Route durch meine Wohnung. Warf an genau festgelegten Stellen einen Blick an die getäfelte Decke. Manchmal packte es mich und ich schoss in wilder Aufregung zehn oder fünfzehn winzige Kiesel in schneller Folge gegen die Deckenverkleidung. Dann lief ich zurück zu dem Fenster, von dem aus ich immer meine Weihnachtstürchen öffnete.

Ich ging danach nicht mehr ins Bad, sondern blieb ruhig auf dem Boden in der Küche sitzen, allerdings immer mit dem nackten Rücken zur Heizung, was mir einige Verbrennungen einbrachte. Meine Nachbarn haben das alles leider viel zu schnell gemerkt. Sie holten die Polizei. Vielleicht war es auch der Hausmeister.

An dem Tag, als ich mit meiner Zwille gerade eines der letzten Türchen von meinem Weihnachtskalender öffnen wollte, klopfte es energisch an meiner Wohnungstür. Eine tiefe Männerstimme rief mit breitestem Berliner Akzent laut meinen Namen. Das war der 17. Dezember. Es waren noch fünf Tage bis Weihnachten und ich fühlte mich, wie ich mich immer in der Zeit zwischen den Jahren fühle. Ich ging zur Tür, ohne mir etwas anzuziehen, und öffnete. Drei Polizisten und der Hausmeister standen abwehrbereit im Treppenhaus. Dahinter lugten zwei neugierige Putzfrauen in Kittelschürzen in meine Wohnung. Ich machte eine einladende Handbewegung. Die Polizisten betraten den Flur, ich machte ihnen bereitwillig Platz. Die Zwille hing schlaff in meiner Hand, der Ausleger lag ruhig auf meinem Oberarm. Lustlos ließ ich sie auf den Boden fallen. Die Steine waren alle, ich glaubte noch irgendwo einen Sack Kastanien und Walnüsse zu haben, aber jetzt war es zu spät danach zu suchen. Müde ließ ich mir die Zwille abnehmen, bejahte gelangweilt alle Fragen, die mir gestellt wurden, ohne irgendwie auf den Wahrheitsgehalt zu achten. Ich gab alles zu, es war mir egal. Weihnachten kam früh dieses Jahr und am 17. fühlte sich alles schon so matt und neblig an wie am 28., 29. oder 30. Dezember. Die Feiertage waren vorbei und der Nikolaus hatte mir diesmal keine Geschenke gebracht. Nicht mal Knecht Ruprecht wollte mich in diesem Jahr verhauen. Wahrscheinlich hatte ich zu oft zu schlecht gezielt und deshalb kam die Polizei und nahm mich mit. Sie erlaubten mir, mich anzuziehen und meinen Kulturbeutel zu packen, dann verließen wir die Wohnung.

Im Frühjahr

(Der lange Schlaf)

Im Frühjahr kündigte ich meinen Job, weil mir nicht mehr gefiel, was ich dort tat. Zwei Tage bevor ich aufhörte, fragten mich meine Kollegen, was ich jetzt tun würde. Sie wussten, dass ich keinen neuen Job hatte. Alles wartete auf die klagende Geschichte von der düsteren Zukunft in Arbeitslosigkeit und Armut.

„Ich werde schlafen", sagte ich. „Erstmal."

Und das stimmte. Ich legte mich ins Bett und verschlief die nächsten sechs Monate. Es war nicht die Zeit für einen Winterschlaf, denn der Winter war in dem Monat, in dem ich mein geliebtes Bett bestieg, definitiv vorbei. Das Letzte, was ich bewusst anschaute, waren die Knospen der Narzissen in der Küche. Allerdings fühlte ich mich, als könnte ich monatelang schlafen und als hätte ich vorher seit Monaten nicht geschlafen. Beides stimmte.

Am ersten Tag, an dem ich also nicht mehr arbeiten musste, ging ich ins Bett, als die Sonne aufging. Ich hatte vorher bis zum Sonnenaufgang mit Freunden und einer Lage Brandwein am Kanal gesessen, wir hatten nicht viel geredet, dafür intensiv morsche Schlepperkähne beobachtet, die mit einer Schüttladung Kies auf dem Weg zum Meer waren. Ab und an war einer von uns zum Pissen in die Büsche gegangen und hatte auf dem Weg den einzigen Hund, den wir dabeihatten, mitgenommen. Der Hund und der Pisser taten immer gleichzeitig das Gleiche in dieser Nacht und so waren alle immer entspannt. Wir hatten ein Feuer gemacht und während der Brandwein die Kehlen runterfloss, sang ich mit den anderen den alten „Lord, take away these chains from me"-Kanon. In der Ferne hörten wir die Fenster im Obergeschoss eines Reihenhauses aus der Neubausiedlung knallen. Allerdings störte uns die Tatsache, dass im Westen die Sonne aufging und im Osten der Brandwein alle war, wesentlich mehr.

Auf dem Weg in mein Bett wurde mir bewusst, dass diese Nacht diejenige war, die ich seit Jahren am sinnvollsten verbracht hatte. Mit so einem Abschluss, dachte ich auf dem Heimweg, ließe es sich gut das nächste halbe Jahr im Bett verbringen.

Die Sonne kitzelte meine Nasenspitze genauso sanftmütig wie die verstaubten Scheiben meines Zimmers, als ich mich auszog. Meine Socken legte ich nebeneinander vor mein Bett, die Spitze vom Bettende weg, beide schmiegten sich parallel in einer löffelchenartigen Position aneinander, ich zupfte die Unterhose zurecht und wechselte ein letztes Mal das T-Shirt. Ein frisches Hemd zur Nacht, und sei es eins ohne Taschen, bringt die Würde jedes noch so gebrochenen Mannes automatisch bis in die höchsten Höhen, die man normalerweise nur mühsam über die steinigen Passstraßen der Selbstachtung erreicht.

Das war der letzte Gedanke, den ich an diesem Morgen in mein Tagebuch schrieb. Dann schlief ich ein.

Tatsächlich schlief ich im Folgenden sechs Monate, fünf Tage und drei Stunden. In dieser Zeit verbrauchte ich sehr wenig Geld, was nicht schlimm war. Geld floss sowieso keins in dieser Zeit auf mein Konto, aber es ging auch keins ab, also war ich wie immer vorm Schlafen fast bei null. Ich verschlief drei Kommunalwahlen und eine Landtagswahl. In der Zeit, in der ich schlief, wurden in vier afrikanischen Ländern Diktaturen abgeschafft und Demokratien errichtet. In fünf südamerikanischen Ländern wurde dagegen jeweils eine Militärjunta durch blutige Militärstreiche an die Macht geputscht. Ich verschlief eine Weltmeisterschaft im Fußball und eine im Rollhockey. Beide fanden in Europa statt, jedoch nicht hierzulande. Auch den Herzinfarkt des derzeitigen Papstes, die endgültige Abwertung einiger für stabil gehaltener Währungen, sowie die Erfindung eines Impfstoffes gegen AIDS fiel in die Zeit meiner tiefen Schlafpause.

Mein Stoffwechsel veränderte sich beträchtlich während dieser Zeit. Giftstoffe, die sich in Leber und Nieren eingelagert hatten, wurden während wilder Traumphasen ausgeschieden und in Haut und Haaren gespeichert. Mein Bart wuchs in dieser Phase der Ruhe weniger lang, als ich gedacht hätte und trotzdem war ich erstaunt, wie ein Vollbart mein Gesicht verändern konnte. Ich roch anders als je zuvor, was ich der ein oder anderen REM-Phase zuschrieb.

Dass ich während der Zeit komplett geschlafen hätte, stimmt leider nicht ganz. Ab und an wachte ich auf und ging aufs Klo. Auf diesem Weg traf ich nur selten einen Menschen, obwohl ich wusste, dass in dieser Wohnung außer mir noch drei andere wohnten. Außer zum Klo ging ich nirgendwo hin. Nur pissen und scheißen, dann wieder ins Bett. Als ich schlief und somit ein dringendes Bedürfnis nach Erholung wettmachte, wechselten zwei meiner drei Mitbewohner insgesamt drei Mal. Die junge Gitarrenspielerin zog zwei Wochen, nachdem ich mich zur Ruhe gelegt hatte, zu ihrem neuen Freund, die spanische Austauschstudentin ließ sich drei Monate später auf einer Party im benachbarten Park von einem kühlen Schweden schwängern und verließ daraufhin das Land, um bei ihren Eltern Beistand zu erhoffen.

Der Spanierin folgte eine indonesische Nonne nach, die von der Kargheit der Zimmereinrichtung sehr beeindruckt war. Ihren Namen habe ich vergessen, ihr Gesicht habe ich nie gesehen, aber mein Mitbewohner ließ mir ausrichten, dass sie das schärfste Essen kochen konnte, was ihm je über die feuchten, glänzenden Lippen gekommen war. Auch dieses scharfe Essen verschlief ich tief und fest.

In das Zimmer der Gitarristin zog, so wurde mir überliefert, ein junger Mann. Er war Student, hatte lange blonde Haare, die an den Spitzen etwas splissten. Er studierte Sport, jedenfalls stand das in seinem Studentenausweis. Die meiste Zeit saß der junge Mann aber in seinem Zimmer und kiffte. Zu einem Zeitpunkt, den ich nicht genau benennen kann, wurde die Tür zu seinem Zimmer von einer Horde dunkelhäutiger Männer eingetreten, die ihn anbrüllten und dem jungen Mann den Kiefer, drei Finger sowie die Kniescheibe brachen, anschließend nahmen sie seine Stereoanlage mit und schlugen ihm den Stuhl aus Ebenholz über den Schädel. Ich erinnere mich an diesen Besuch, da ich zu diesem Zeitpunkt einen sehr intensiven Traum hatte, der von zahlreichen farbigen und ausschweifenden Explosionen geprägt war.

Der junge Mann zog daraufhin aus, niemand hatte danach je wieder etwas von ihm gehört – es war Sommer, als er das Haus verließ, etwas später vielleicht sogar, man konnte schon sehen, wie die Tage wieder kürzer wurden. Draußen war es auch nicht mehr so wirklich warm.

Die letzte meiner neuen Mitbewohnerinnen war die Frau, die ich heiratete, nachdem ich wieder aufwachte. Sie war die Erste, die, nachdem mein letzter stetiger Mitbewohner ihr erzählt hatte, dass ich seit mehreren Monaten in meinem Zimmer schlafen würde und nicht gestört werden wollte, vorsichtig die Tür öffnete und nach mir schaute. Meine Frau hat mir später erzählt, dass sie in den folgenden Wochen manchmal leise in mein Zimmer geschlichen ist, um zu sehen, was mit mir passierte. Es gab Tage, da saß sie stundenlang in dem Korbsessel neben meinem Bett und las eins von den Büchern, die sie tags zuvor geklaut hatte. Dabei lag die Katze auf ihrem Schoss und ließ sich von der Sonne auf der Südseite des Hauses fast den Pelz verbrennen. Wenn die Sonne hinter den Häusern verschwunden war und es der Katze zu kalt wurde, schlichen Frau und Tier aus dem Zimmer. Nicht, ohne noch einmal einen Blick auf meine Decke zu werfen, um sich zu vergewissern, dass sie sich weiterhin gleichmäßig hob und senkte.

Meine spätere Frau erzählte mir auch, dass ich manchmal redete, während ich im Bett lag. Was ich da sagte, war nichts Besonderes, undeutliche Dinge, zusammenhangloses Zeug, für sie zumindest, für mich in diesem Augenblick allerdings von immenser Bedeutung und äußerster emotionaler Wichtigkeit. Später konnte ich mich an keinen dieser Monologe erinnern, allerdings denke ich heute, dass sie guten Stoff für mindestens drei Langspielplatten abgeben würden. Ich habe alles vergessen.

Irgendwann merkte ich, dass ich aufwachen würde. Hormone, Synapsen und Botenstoffe, sie alle klopften geheime Morsezeichen durch meinen Kopf und machten sich bereit, das Signal zum Aufwachen zu geben. Ich konnte die Augen nicht mehr geschlossen halten, die Augenlider schnellten nach oben, und die Augen waren durstig nach jedem Lichtstrahl wie ein Penner nach einer Flasche Schnaps. Meine Sehnerven lechzten nach neuen Eindrücken, wollten wieder mitkriegen, wie das Licht den Dingen Form gab nach dieser Phase der langen Faulheit. Meine Ohren waren nicht mehr von dem dumpfen Pfeifen belegt, dass sie vor dieser Pause durchbohrt hatten und auch meine Muskeln stellten nach einer Phase des ausgiebigen Dehnens und Streckens fest, dass es an der Zeit war, wieder aktiv zu werden. Als ich endgültig wieder aufwachte, saß meine Frau am Fenster. Sie spielte mit der Katze und die Katze spielte mit ihren langen schwarz-roten Haaren. Wir drei hatten uns noch nie gesehen und trotzdem schauten wir uns an, wobei die Fraktion, die in meine Richtung schaute, die Mehrheit hatte. Das Erstaunen war allerdings gleichmäßig verteilt. Als Erstes roch ich gewohnheitsmäßig unter meinen Achseln. Es roch intensiv nach Schweiß und Butter, die einen Sommer lang auf einer Dachterrasse gelegen hatte.

Meine Frau lächelte mich an, und obwohl sie mir noch nie vorgestellt wurde und ich nicht keine Ahnung hatte, wer sie war, wusste ich schon nach wenigen Minuten, wer sie sein würde. Ich stand auf, ziemlich wackelig muss ich gestehen, und wankte ins Bad. Die Tür zum Zimmer meines letzten stetigen Mitbewohners war leicht angelehnt, ich hörte eine leise

Bluegrassmusik aus der Box, die links neben der Tür stand. Es war die alte Platte von der Band, in der Bill Monroe mal in den Vierzigern spielte, die er gekauft hatte, als wir zusammen das letzte Mal auf dem Trödel waren. Ich klopfte an seiner Tür und sah ihn, wie schon immer, in der Affenschaukel am Fenster sitzen, eine Pfeife in der Hand. Ich teilte ihm mit, dass ich wieder wach war und nun frühstücken würde. Er grinste, rollte eine Zigarette aus französischem Papier und afrikanischem Tabak und folgte mir auf einen Kaffee in die Küche.

Einige Tage später hatte ich mich daran gewöhnt, eine neue Mitbewohnerin und eine Katze zu haben.

Kurz nach dem Aufstehen, wusch und duschte ich mich ausgiebig. Ich schlüpfte in eine frisch gewaschene Hose, die ich Monate zuvor für diesen Anlass auf die Kommode gelegt hatte. Aus der Schublade nahm ich ein frisches Paar Socken und ein Hemd, das ich im letzten Winter gebügelt hatte. Ich zog eines der Sakkos an, die ich am gleichen Tag wie die Hose zurechtgelegt hatte. Dann schlüpfte ich in meine Schuhe, die nebeneinander friedlich unter dem Bett standen. Ich stutzte meinen Bart, ließ mir von meiner Frau die Haare mit frischem Olivenöl einreiben und genoss den kleinen Kuss, den sie mir dabei in den Nacken gab.

Dann ging ich auf die Straße und stieg in die Bahn. Ich suchte einen Job und fand einen. Nur einige Tage später fand ich eine anspruchsvolle und befriedigende Tätigkeit, die ich mit meinen bisherigen Lebenserfahrungen gut ausführen konnte und die einigermaßen Geld einbrachte. Genug Geld, um nicht unzufrieden zu sein, allerdings auch ohne turmhohe Ansprüche zu entwickeln, die sich wie Krakenarme um den Kopf legten. Von da an schlief ich nie mehr länger als acht Stunden am Tag. Meine Frau mit den schwarz-roten Haaren, die Katze mit den goldenen Augen und ich mit dem Bart aus Schlaf konnten von dem, was ich in meinem neuen schönen Job verdiente, gut leben.

(Acht bis neun Sätze, die)

Der Mann mit der Torpedohaut

(sagte, bevor er aus dem Zeitfenster sprang)

I.

Weggehen.
Unterwegs sein.
Immer wieder.
Abhauen.
Den Arm.
Das Bein.
Das Ohr.
Abhauen.

Aus der Wüste in die Steppe durch die Lagune in den Dschungel across the Pampa zu den Outer Outbacks ins Wasserloch stürzend zur Oase am Weiher auf den Col de Mary Jane geradewegs durchs Hinterland von Gazpacho, hinein in die Erbsenwelt.

Dabei immer entlang des Wegs zu den Überseeterritorien, durch tiefgerauchtes Grasland und abgetauchte Ebenen, unter der ungenehmigten Passstraße durch, mitten in den Sumpf hinein, immer voller Gleichmut und immer Schritt für Schritt.

Schritt für Schritt,
Schritt für Schritt,
Schritt für Schritt,
für Schritt …
für Schritt …
für Schritt …

Dabei schick beschützt vor allem, was brennt, und kühn und kühn benetzt von einer Arkade aus Wolfsakazien unter Wolfsakazien. Rudelgleich immer voran, immer voran, voran, voran, voran, und vor allem vor dem
wachenden Auge der Sehnsucht versteckt.

II.

Mit dem Auto Autobahnkreuz und querdenkend, ins große Gelände schleichend. Begleitet von dem treuen und schweigsamen Gefährtensucher, der Stille. Auf der linken Spur.

Und dann natürlich immer wieder Motor aus und wieder an. Motor aus und wieder an. Und aus dem Sinn und unterm Strich, wie es in den besten Familien gerade vorkommt. Einfach, die Fehlzündung gerade verpasst. Und gerade deshalb vollkommen im Takt.

III.

An. Aus. An. Aus. Doppel An, DoppelAus,
DoppelA, DoppelA.
An. Aus. An. Aus.
DreifachAn. DreifachAus.
DreifachA, dreifachA.
Das alte Spiel, you name it.
Funkt es, zündet es.
Zünden wir es an, funken wir auch.
Funken wir, zünden wir,
tun wir es nicht . . .
tun wir es nicht.

Aber wenn wir nicht funken und nicht zünden, wer wird uns hier finden, außer dem da drüben, der da mit der Axt aus dem Wald kommt?

IV.

Hab Nomaden getroffen, und beim Einparken geholfen: „Da nicht für, der Herr, aber auch nicht gegen. Gern geschehen, meine Dame, und für gut befunden."
„Gern geschehen, wenn Sie es geschehen lassen",
sagte keiner von ihnen. Ich ja auch nicht.

V.

Sieh, mein Schatz. Ich habe das Zelt aufgebaut. So wie du es gesagt hast. Hinter den Winterdünen, die blau und an den Raglanärmeln sichtlich schwitzend ihren plisseegefütterten all-abendlichen Mantel am Horizont ausbreiten, während rosa Atem sich aus unseren ausgefransten Mündern wie ein Affe zum Mond aufschwang, als wäre er der Gewinner dieser Welt.

VI.

Während wir also in Pantoffeln am Standgrill rumhingen und uns fragten, ob Alexandra wirklich recht hatte und dabei herausfanden, dass es gar nicht so schlecht wäre, knabberte die süße Hure Ungeduld voller Lust an der zarten Haut unserer pelzig-heißen Ohren und fragte, welchen Stock im Laufhaus sie diesmal reservieren soll.

„Den besten, wie immer", schnaubten wir zurück, dabei alte Asche vom Morgenrock in die Glut fegend. Denn auch wie immer verrammeln wir nicht nur die Tür, sondern jeden, der darin steht, ohne nach dem Preis zu fragen.

„Gern geschehen, wenn Sie es geschehen lassen",
sagte keiner von ihnen. Ich ja auch nicht.

VII.

Und wenn, wie jeden Abend der Flugrost uns zwischen den Fingern kratzte und Trugmilben mit wirren Blicken sich unerbittlich ins große graue Ganze bohrten, hat stets irgendeiner von genau denen mit irgendeinem genauso großen Hut immer nach der irgendeinen genauen Zeit gefragt und wollte dann auch noch wissen, wann dann wohl wäre, was dann wohl wäre.

„Gern geschehen, wenn Sie es geschehen lassen",
sagte keiner von ihnen. Ich ja auch nicht.

VIII.

Wenn ihr das hier also lest und euch also dabei zugegebenermaßen entweder wiederseht, oder noch wieder Vader seht, wie bei einem nicht gewollten Klassentreffen, wo man den anderen von früher gar nicht erzählen will, was man seitdem und jetzt so jemals getrieben hat und treiben wird, werden wir schon nicht mehr da sein, wo ihr schon immer hinwolltet, sondern grau und dumm wie die Steine, hinter denen wir uns früher einfach aneinander gerieben haben. Als wir nichts anderes als heiß und geil waren. Schöne unschuldige Geilheit.

Wenn alle Scheiße dieser Welt und aller Zeit nie vergehen
sondern angesammelt würde in den Schluchten, die nur am mittags
die Sonne sehen dürfen, in den Tälern und Carports dieser Welt,
wäre dieser Planet sicher ein ganz anderer.

Amerika

Ende Januar waren die Nudeln alle. Der Tag, an dem das passierte, hatte recht bizarr angefangen. Ich war um halb drei nachts aufgestanden, um zur Arbeit zu gehen. Im halbschläfichen Tran sprühte ich mir statt Deo Rasierschaum unter die Achseln. Später, in einer Werbepause entdeckte ich bei einem Toilettengang, wie mir weißer klebriger Schaum aus den Ärmeln meines schwarzen T-Shirts hervorquoll.

*

Ich sage, dass mir das passiert ist, als ich dabei war, zur Arbeit zu gehen. Das ist nicht ganz richtig, zu fahren wäre korrekter, denn zur Arbeit gehen wäre zu weit. Wer hat schon Lust, nachts um drei sechs Kilometer durchs winternasse Berlin zu latschen. Noch dazu stocknüchtern und noch dazu zur Arbeit und nicht davon weg? Also. „Zur Arbeit fahren" ist aber auch nicht ganz korrekt. Das würde heißen, dass ich selber fahre. Das habe ich bisher einmal gemacht. Mit dem Fahrrad ist es o.k., obwohl ich nicht glaube, dass die Fahr-mit-dem-Fahrrad-morgens-um-drei-Uhr–zur-Arbeit-Saison schon im Januar beginnt. Die Wetterverhältnisse an diesem Morgen, als ich mich zu ersten Mal aufs Rad geschwungen habe, waren für den Januar bisher erstaunlich. Es war nicht zu kalt, es war eine gute kühle, knarztrockene Nacht, die so bestimmt auch im Mai oder Juni über die Wetterbühne hätte gehen können.

Ich benutze auch nicht die Bahnen, denn sind nachts um drei noch nicht im Einsatz. Also lasse ich mich ganz exquisit zur Arbeit fahren, denn ich gönne mir jedes Mal ein Taxi. Hoho, schreien da die Oldschool-Revolutionäre: Edel geht die Welt im Nordkiez zugrunde oder was? So'n duseligen Halbtagsjob haben und sich dann auch noch zur Arbeitsstätte fahren lassen, wat? Nun ja, viele andere Möglichkeiten gibt es im Winter nicht. Außerdem wird die Kohle erstattet, zum Teil zumindest. That's what I call Pendlerpauschale. Pendlerpauschale ist übrigens eins von meinen absoluten Hassworten. Genauso wie Lebensversicherung oder Bausparvertrag. Denn das sind Dinge, mit denen ich mich gar nicht beschäftigen will. Das ist Bürokratenscheiß. Das ist mehr was für Leute, deren sexuelles Erleben darin besteht, sich *ja* für Jahr die neuesten Sparfuchs-Steuerratgeber zu kaufen. Die Dinger, deren CD-Beilage ein Jahr später nicht mal mehr auf dem Trödel für einen Euro weggehen. Oder diese Supersparfuchs-Heftchen – „Jetzt noch mehr Steuertricks" und so. Das braucht auch kein Mensch. Nicht, dass ich gern Steuern zahle, ich hasse es nur, mich mit solchen Dingen auseinanderzusetzen.

*

So gegen 11 Uhr morgens, mein Tagwerk zum Geldverdienen ist gerade beendet, stehe ich vor dem Hauptquartier des Fernsehsenders, der mich nach Bedarf beschäftigt. Zum ersten Mal seit langer Zeit glaube ich zu wissen, was es heißt, wenn ein Gebäude einen *ausspuckt*. Und ich glaube, es sogar fühlen zu können. Man fühlt sich wie Rotze nach der Arbeit. Mit kleinen juckenden Augen stehe ich vorm Haupteingang, im Vergleich zu der totalen Stille bei meiner Ankunft herrscht reges Treiben. Große dunkle Autos, wie sie nur von Politikern verschiedener Wichtigkeit benutzt werden, fahren vor, Männer in grauen Mänteln mit randlosen Brillen springen raus, um vom Haupteingang verschlungen zu werden. Ich schaue ihnen nach und wünsche heimlich, dass sie gutverdaut wieder rauskommen. Auf der anderen Straßenseite wird seit ungefähr einem Jahr ein riesiger Block von sogenannten Citywohnungen hochgezogen, es wimmelt von Bauarbeitern, die in Roh-, Halbgar- und Fertigbauten rumwuseln. Keiner von denen, die hier an einer Wohnung bauen, wird später auch mal hier wohnen. Warum eigentlich nicht? Manche sitzen erschöpft in der Fahrerkabine des kleinen Subunternehmerlastwagens und trinken den ersten Kaffee der Frühstückspause. Überfliegen die erste Seite der Bildzeitung und bleiben mit den Blicken an der Tittenmaus hängen. Verständlich.

Passanten in Bürooutfit und mit hastigen Blicken auf die Uhr ziehen rechts und links an mir vorbei, ein Bullenauto schnurrt vorbei und erinnert mich an einen Süßwasserraubfisch, der lauernd durch einen Karpfenteich gleitet. Seltsam, wenn alle um einen herum nach den gleichen Uhren ticken, nur ich nicht. Bevor ich mich auf den Weg nach Hause ins Bett begebe, will ich in die AGB.

Amerika-Gedenk-Bibliothek. Ein großartiger Name und darüber hinaus ist A-G-B auch eine ganz nette Kombination von Akkorden für ein kleines Lagerfeuerlied. Muss ich gleich mal ausprobieren. Als diese Bücherei eröffnet wurde, hatte wohl keiner es für möglich gehalten, dass der Name USA vielleicht mal nicht komplett von allen positiv besetzt sein könnte. Ein Geschenk Amerikas an die Berliner Bevölkerung zur Förderung des Demokratie-Gedankens. Der Name Amerika-Gedenk-Bibliothek erweckt bei mir immer Assoziationen an Mad Max. An eine Zeit, in der alle bekannten Zivilisationen, auch die amerikanische, untergegangen sein müssen. An die Zeit nach dem Weltkrieg, dem dritten, dem vierten, dem wievielten auch immer. Wir unter der Donnerkuppel, degeneriert, traumatisiert und verzweifelt. Tina Turner als Präsidentin, schwarz und Frau zugleich und kein Bundesstaat, der dagegen stimmen würde. Mel Gibson als Verteidigungsminister. Denn wenn man etwas gedenken will – in diesem Fall also Amerika – dann macht man das ja eigentlich, wenn das Gedenkobjekt nicht mehr existiert. Wenn es noch da ist, ist es sowieso irgendwie präsent – vorausgesetzt, es steht noch im öffentlichen Blickfeld und wird von den Menschen als wichtig genug erachtet, damit es noch Aufmerksamkeit erhält. Dürfte bei Amerika immerhin der Fall sein. Erst wenn es tot ist, ausgelöscht wurde, zerstört wurde, dann finde ich, wird es Zeit, etwas zum Gedenken aufzubauen. Einen Grabstein kriegt man ja auch nicht, wenn man noch lebt, das würde ein Großteil der so Geehrten wahrscheinlich als derbe makaber oder zynisch empfinden. Für meine Oma hab ich auch keinen

Stein aufgestellt, als sie noch gelebt hat, das hätte sie bestimmt sehr unpassend gefunden. Was ist also mit Amerika? Ich denke, dieses Land wird noch auf absehbare Zeit existieren. Wahrscheinlich wird es sogar mich überleben. Der Name Gedenk-Bibliothek ist also vielleicht doch etwas unglücklich gewählt. Oder war da schon bei der Namensgebung ein fieser Wunsch inkludiert? Dass Amerika bald mal ab ins Grab fallen sollte, damit eine Bibliothek zu seinem Gedenken gerechtfertigt wäre? Das wäre natürlich sehr garstig. Es sieht zumindest so aus, als wären jemandem bei der AGB auch diese Gedanken durch den Kopf gegangen, jedenfalls steht in großen Leuchtbuchstaben nur noch GEDENKBIBLIOTHEK auf dem Gebäude. Der erste Teil – AMERIKA – ist verschwunden. Vielleicht für immer, vielleicht ist AMERIKA auch nur in der Reinigung oder zur Reparatur, wer weiß das schon?

Normalerweise gehe ich immer den einfachen Weg zur AGB. Rechts am Hausvogteiplatz vorbei, bis zum Gendarmenmarkt, gerade darüber hinweg zwischen den Domen her bis zur Friedrichsstraße und dann scharf links abgebogen und nur noch geradeaus, am Mini-Cooper-Autohaus vorbei, mit den schwitzigen Fingern die Schaufenster der Galerie Lafayette beschmierend, am Checkpoint Charlie über die Touristen schimpfend oder lachend (je nach Tagesform), dann beim MOTZ-Secondhandladen vorbei (immer mal kurz reintauchend, aber nie was kaufend), dann auf die Zielgerade zum Halleschen Tor, über den Landwehrkanal in die AGB. Heute nehme ich einen anderen Weg, weil ich glaube, dass er kürzer ist, weil er nicht im rechten Winkel erst auf die Friedrichsstraße und dann geradeaus geht, sondern mit ein paar Links-rechts-Kombis durch die Stadtmitte. Ich überquere den Hausvogteiplatz, mache ein paar Zickzackläufe durch verschiedene Straßen und bewege mich quasi schräg auf die Bibliothek zu. Ob das jetzt kürzer ist, soll jemand anders berechnen, vielleicht irgendjemand, der ausgeschlafener ist, als ich es gerade bin. Eigentlich habe ich nicht viel zu tun in der AGB.

Ok, da sind noch Gebühren zu zahlen, alte Rechnungen von überzogenen Fristen zu begleichen, aber irgendwelche Schulden habe ich immer bei der Bücherhalle und es waren auch schon mal viel mehr. Es gibt auch keine Bücher abzugeben oder Fristdaten zu verlängern.

Ich weiß nicht mal, welche meiner Lieblingsbibliothekarinnen gerade am Schalter sitzt. Eigentlich habe ich nur eine Lieblingsausleihschalter-Sitz-Bibliothekarin. Eine Zeitlang war ich so verliebt in sie, dass ich Herzklopfen hatte, wenn ich was ausgeliehen habe. Irgendwann habe ich sie dann im SO36 beim EA80-Konzert gesehen. Und – jetzt das absolut Verrückte – ich hab sie sogar angesprochen! Totaler Wahnsinn, so was, man hält es kaum aus! Natürlich ist mir nichts Besseres eingefallen, als sie auf ihren Bibliotheksjob anzuquatschen, als wir in der Schlange vor der Garderobe standen. Leider waren die Garderobenfrauen im SO36 zu dem Zeitpunkt sehr auf Zack und arbeiteten obendrein sehr effektiv, so dass sich unser Gespräch nur auf ein paar Minuten beschränkte. In der AGB habe ich sie danach nie wieder angeredet, leider. Es schien mir unpassend, ein EA80-Garderobenerlebnis am Schalter anzubringen. Vielleicht erinnert sie sich auch gar nicht mehr dran. Während ich meine Tasche an der AGB-Garderobe abgebe, überlege ich, ob es Sinn machen würde, sie beim nächsten Mal auf das Konzert, das jetzt schon einige Jahre her ist, noch mal anzusprechen.

Vielleicht sollte ich im Katalog recherchieren, ob die AGB eine EA80-CD im Bestand hat und die das nächste Mal ausleihen – und wenn sie dann da wäre, könnte ich sie unauffällig hinlegen und wer weiß, was passieren würde. Vielleicht würde sie sich dran erinnern und dann könnte man ja so ein, na ja, ihr wisst schon, so ein kleines Gespräch anfangen. Wie man da so macht, ihr wisst schon. An diesem Post-Arbeits-Morgen weiß ich nicht so genau, wie man in Gegenwart einer hübschen Frau einen geraden Satz zustande bringt. Ich weiß nur, dass sie heute nicht da ist.

Heute sitzt die junge Frau mit dem Oberlippenbart da an dem einen Scanner, am anderen die sympathische Punkerin, die normalerweise ein Eläkeläiset-T-Shirt trägt, nur heute nicht, dann noch die junge Türkin mit dem Kopftuch und eine ganze Reihe von mittelalten grauen Bibliotheksfrauen. Ohne die EA-80-Frau gibt es also noch einen Grund weniger, hier lange zu bleiben oder zielgerichtet irgendwas zu suchen. Normalerweise bin ich immer sehr gern sehr lange in der AGB. Ziehe Bücher aus dem Regal, schau mir jeden Scheiß an und nehme eine Menge dann mit nach Hause. Heute klappt das nicht so. Meine Augen jucken immer noch, der Geruch im Lesesaal erscheint mir zu scharf, zu staubig und zu muffig gleichzeitig, das Licht ist zu grell, meine Ohren pfeifen, ich fühle mich am ganzen Körper fettig und ungewaschen. Alle Bücher scheinen heute irgendwie gleich uninteressant, machen nicht den Eindruck, als wollten sie sich geradezu anbieten, um mit nach Hause genommen zu werden. Vielleicht liegt das an den sieben Stunden Nachtarbeit zuvor.

Am Ende leihe ich drei Bücher aus, alle nicht sehr dick und keins, auf das mich schon auf dem Heimweg freue. Egal. Ich schleppe mich in die U-Bahn vom Halleschen Tor Richtung Warschauer Straße. Um Viertel nach zwölf mittags ist die Bahn mäßig gefüllt, es gibt Sitzplätze für alle. Wer hier und jetzt unterwegs ist, war nie auf dem Weg zum Job und weiß nicht so recht, was man mit dem Rest des Tages noch anfangen könnte. Vielleicht einfach durchsaufen. Ich ziehe eins der Bücher aus der Tasche. Es ist ein kleines dünnes Buch mit rotem Umschlag, in dem es um eine 22-jährige Studentin geht, die in der Nacht von Prinzessin Dis tödlichem Unfall mit ihrem kleinen weißen Auto bekifft im selben Tunnel in Paris unterwegs war und jetzt die böse Vermutung hegt, sie hätte 1997 die Prinzessin von Wales umgebracht. Das klingt nach einem guten Buch. Gerade habe ich zwei Seiten gelesen, als an der Prinzenstraße die Türen aufklatschen. Nur ein Gast steigt ein. Neu auf unserer kleinen fahrenden Volksbühne ist ein etwas fertig aussehender Mittzwanziger mit einem verunglückten Iro, einem schlabberigen Parka, dazu zwei Flaschen Becks in der Hand, eine leer, die andere noch zur Hälfte gefüllt.

Der Neue stapft zwei Schritte durch den Wagen, lässt sich dann recht ungeschickt auf die Bank fallen. Wäre alles nicht weiter interessant, bis er den Kopf hebt und die Witterung aufnimmt und uns anderen das Ergebnis seiner olfaktorischen Recherche mitteilt: „Boah, Alter hier riecht's voll nach …"

Das Studentin-tötet-Lady-Di-Buch liegt auf meinem Schoss, ich schaue aus dem zerkratzten Fenster und warte auf das Ergebnis der fachmännischen Geruchsanalyse. Wonach mag es da vorne riechen? Kotze? Pisse? Kacke? Vom Hund Halbverdautes? So klingt zumindest die Ankündigung. Es liegt eine gewisse Drohung in der Stimme, etwas irgendwie Ekeliges mit einem Unterton des Abscheus vermischt. Ich kenne diese Tonart. Wenn man mit fünf Freunden in einem Auto sitzt, auf dem Weg zu einem Konzert ist und einer furzt. Es ist dieser Ton der Entrüstung à la „Boah, wer hat hier gefurzt?!"

Noch mal bläht der Zugestiegene synchron die Nasenflügel, saugt abgestandene U-Bahn-Wagenluft ein und wiederholt unüberhörbar mit einem ausdrucksstarken Ton:

„Ey das riecht voll, nach …" Überlegt. Denkt nach. Schnippt mit den Fingern. Es ist, als läge ihm die Antwort auf der Zunge, zwischen den letzten Resten Bier in den Zahnzwischenräumen. Dann hat er's.

„Ey … Hier riecht's voll nach … JEAN-PAUL GAULTIER!!!!! Das ist doch JEAN-PAUL GAULTIER, oder?! Wer von euch hier benutzt JEAN-PAUL GAUTIER-PARFÜM?!"

Der junge Türke neben ihm meldet sich schüchtern und bekennt sich zu seinem erlesenen Deodorant-Geschmack. Der andere lächelt anerkennend und es entwickelt sich eine lebhafte Diskussion über die neuesten JPG-Releases, die man unbedingt mal ausprobieren muss.

Die Bahn fährt am Schlesischen Tor ein. Noch eine Station. Das Lady-Di-Buch ist so angenehm bekloppt, wie das

Gespräch zwischen Jean-Paul und Gaultier einige Meter weiter. Die erscheinen beide nicht ganz nüchtern. Recht so. Gibt aber auch keinen Grund, an diesem frühen Nachmittag nicht alkoholisiert oder übermüdet verwirrt zu sein. Das Lady-Di-Buch ist deshalb gut, weil die junge Frau darin das potentielle Beweisstück, ihr Auto, zerhackt und ihrem dauerbekifften Musikerfreund die Stereoanlage klaut, um Geld für ein neues zu bekommen. Als ich später am Nachmittag im Bett liege, träume ich davon, dass Jean-Paul Gaultier bei EA80 singt und ich mit Lady Di bei einem Teller Nudeln an der Garderobe im SO36 quatsche.

Die kleine Spinne Pup trifft Darth Vader

Einmal ist die kleine Spinne Pup arbeitslos. Weil ihr aber gerade eine fiese und unerklärliche Mietpreiserhöhung gerade ziemlich zusetzt, muss sie Geld verdienen. Sie geht zum Arbeitsamt, um eine Arbeit zu finden. Die kleine Spinne Pup sieht im Computer ganz viele Angebote für tolle Arbeiten und schreibt ganz viele Bewerbungen, manchmal 32 innerhalb einer Nacht. Auf jede Bewerbung hat sie ein tolles Foto von ihrem Gesicht draufgepackt. Sie hat die Fotos von einem sehr guten professionellen Fotografen machen lassen, so dass ihre acht Augen und ihre haarigen Mandibeln besonders gut zur Geltung kommen. Die kleine Spinne Pup hat bei dem Fototermin auch zum ersten Mal versucht, auf einem Foto zu lächeln und findet, dass das auch gut gelungen ist. Kurz nachdem die kleine Spinne Pup einen Großteil ihrer Bewerbungen abgeschickt hat, findet sie schnell eine Anstellung als Putzfrau auf dem Todesstern der imperialen Truppen.

Mit einem Raumschiff wird sie an ihrem ersten Arbeitstag in einem großen dunklen Truppentransporter auf den Todesstern gebracht. Ein Mitglied der imperialen Garde erwartet sie schon am Eingang und begrüßt sie herzlich. Der Mensch in der roten Uniform begleitet sie zu ihrem Quartier und zeigt ihr, wo ihre Arbeitsmittel stehen. Die kleine Spinne Pup mag den Todesstern. Er ist so praktisch und angenehm funktional eingerichtet. Sie fragt sich, wer so etwas Schönes erfunden hat. Dann geht sie zum Aufenthaltsraum zu den anderen Putzkräften und macht sich an die Arbeit. Der Roboter, der die Putztruppe beaufsichtigt, übergibt ihr vier Putzeimer, drei Putzlappen und eine Flasche Glasreiniger, damit sie an jedem Bein was zu tragen hat. Im Folgenden arbeitet die kleine Spinne Pup fünf Jahre lang als Putzfrau auf dem Todesstern.

Am Anfang verirrt sich die kleine Spinne Pup ganz oft. Es gibt so viele Gänge und Wege und oft weiß Pup gar nicht genau, wo sie ist. Manchmal läuft sie stundenlang mit Besen und Putzeimer durch die Gänge des Sterns, ohne jemanden zu treffen. Nur ein Kommunikationsroboter trippelt gelegentlich eifrig an ihr vorbei, ohne sie zu beachten. Ab und zu trifft sie ein paar Sturmtruppen, die mit ihren weißen Helmen unter dem Arm nach einem Einsatz auf dem Weg zur Kantine sind, um noch ein paar Schnäpse zu trinken. Aber auch sie beachten die kleine Spinne Pup nicht. Weil sich die kleine Spinne Pup so oft verläuft und sich in den Gängen des Todessterns nicht zurecht findet, ist sie oft erschöpft und fängt heimlich an zu weinen. Aber niemand soll sehen, dass sie weint, deshalb setzt sie sich einfach in die Nischen des Ganges, wo sie keiner sieht.

Einmal hat sich die kleine Spinne Pup wieder verirrt und steht in dem längsten und dunkelsten Flur, den sie je auf dem Todesstern gesehen hat, vor der größten und dunkelsten Tür, die es auf dem Todesstern gibt. Der Unterschied zu allen anderen Gängen ist, dass dieser mit dunkelblauem Teppich ausgestattet ist. Als die Spinne vorsichtig durch den Gang schleicht, sieht sie, dass die Auslegware an den Kanten sehr unsorgfältig verlegt wurde. Manchmal kann sie sogar sehen, wie der Teppichboden mit den Wandleisten nicht richtig abschließt. Pup fragt sich, welcher unfähige Idiot hier eigentlich den Teppich verlegt hat. Die kleine Spinne Pup glaubt, dass sie heute hier putzen muss, (aber so genau weiß sie es nicht, weil sie mal wieder nicht richtig auf ihren Dienstplan geschaut hat) und betritt den Raum, der sich hinter der großen schwarzglänzenden Tür befindet. In dem Raum sind alle Wände schwarz und glatt. Auf der rechten Seite befindet sich ein großes Fenster, von dem aus man das ganze Weltall sehen kann. Weil der Raum ganz leer ist, stellt die kleine Spinne Pup ihre Besen und Eimer erst mal zur Seite und schaut aus dem großen Fenster. Draußen kann sie ganz viele Sterne und Raumschiffe sehen, die hin- und hersausen. Manchmal erkennt sie, wie von einem Raumschiff ein bunter Laserstrahl abgeschossen wird und ein anderes Raumschiff im nächsten Moment explodiert. Die Raumschiffe da draußen blinken und blitzen auf dem Hintergrund des schwarzen Weltalls und dieses Flickern erinnert Pup an die tausend Augen ihrer Mutter, die genauso geblitzt haben, bevor sie ihren ersten Ehemann gefressen hat. Ab und zu kann die kleine Spinne sehen, wie ganz viele kleine Raumschiffe emsig zwischen dem Todesstern und einem kleinen grünen Planeten hin und her zischen. Manchmal verpufft eines der Schiffe einfach in der Schwerelosigkeit. Die kleine Spinne Pup ist so fasziniert von den blinkenden Sternen, dem grünen Planeten und den vielen Raumschiffen, die draußen rumfliegen, dass sie vergisst, wie lange sie schon an dem Fenster steht. Als sie sich einmal kurz umdreht, sieht sie hinter sich einen großen Mann. Der Mann trägt einen schwarzen Hartschalenhelm und einem schwarzen Umhang aus Maulwurfsleder. Die kleine Spinne kann hören, wie der Mann ganz schwer atmet, obwohl er sich noch nicht mal groß bewegt.

Die kleine Spinne Pup weiß, dass dies Darth Vader ist, dem der Todesstern gehört. Sie hat ein bisschen Angst vor ihm, denn alle auf dem Todesstern haben Angst vor ihm und die anderen Putzfrauen erzählen immer ganz unheimliche Dinge über ihn. Um nicht zu zeigen, dass sie Angst hat, stellt sie ihre Haare auf dem Rücken auf, um gefährlicher auszusehen.

Als Darth Vader die kleine Spinne am Fenster stehen sieht, bückt er sich zu ihr runter, hält ihr die flache Hand entgegen und lässt sie auf den schwarzen Handschuh krabbeln. Die beiden schauen sich an. Dann fängt Darth Vader an, laut zu lachen. „Hoho, das kitzelt." Jetzt muss auch die kleine Spinne lachen und hat auch ihre Haare nicht mehr aufgestellt.

„Du bist also die kleine Spinne Pup?", sagt Darth Vader mit brummeliger Stimme. „Ich hab schon von dir gehört, aber ich dachte, du bist tot."

„Ach so ein Quatsch. Ich bin doch gar nicht tot, wer hat Ihnen denn so was erzählt?", spricht die kleine Spinne und blickt aufgeregt auf die schwarze Maske aus Vollplaste.

„Da müssen Sie mich verwechseln, Herr Vader. Vielleicht meinen Sie meine Mutter."

„Oh ja, die kenn ich. Das war eine tolle Frau", meint Darth und blickt aus dem Fenster auf den grünen Planeten. „Wirklich eine ganz feine Dame. Oh, entschuldige, ich bin ein schlechter Gastgeber. Möchtest du vielleicht etwas trinken? Vielleicht eine Limonade? Oder eine heiße Schokolade?"

Der Handschuh unter den Füßen der kleinen Spinne Pup fühlt sich ganz kalt an, deshalb trippelt sie hektisch auf der Stelle hin und her. Die kleine Spinne Pup hat vom vielen Laufen und Putzen einen Riesendurst und würde sich über eine kalte Limonade sehr freuen. „Oh ja gern", antwortet sie und freut sich, als Darth Vader sie langsam zu seinem Schreibtisch in der hinteren linken Ecke trägt, wo eine große Karaffe mit gelber Limonade steht.

„Das ist Mango-Limonade. Mit Eis. Die mag ich am liebsten", flüstert Darth. Er freut sich, dass ihn nach langer Zeit mal wieder jemand besuchen kommt. „Hier. Hab ich selbst gepresst. Probier mal, sie ist sehr lecker", sagt der große schwarze Mann und gießt der kleinen Spinne ein Glas ein.

„Danke, das ist sehr nett. Was machen Sie eigentlich hier so, Herr Darth?"

„Ich muss jeden Tag arbeiten. Ganz viel, immer von morgens acht bis abends um acht. Manchmal noch länger. Da bleibt nicht viel Zeit für Privatleben", seufzt er und schaut wieder aus dem Fenster.

Die kleine Spinne Pup freut sich über ihre Limonade und trinkt das Glas fast in einem Zug ganz leer. Aus den acht Augenwinkeln schielt sie zu Darth Vader rüber und findet, dass er eigentlich ganz fesch aussieht in seiner schwarzen Uniform.

„Hoho, du hast aber einen Durst", lacht der dunkle Lord. „Da werde ich dir gleich noch was nachschenken."

„Danke, das ist sehr nett", sagt die kleine Spinne Pup. Weil die kleine Spinne Pup sehr neugierig ist, stellt sie das Glas wieder auf den Tisch und nimmt ihren ganzen Mut zusammen. „Sagen Sie mal, Herr Vader", und ihre Stimme zittert genau wie die Haare auf ihrem Rücken, „haben Sie eigentlich Kinder?"

Für kurze Zeit ist es ganz still im Raum. Nur das gleichmäßige schleppende Geräusch von Vaders künstlicher Lunge ist noch zu hören. Die kleine Spinne Pup glaubt, dass es in diesem Moment noch etwas dunkler geworden ist, aber ganz sicher ist sie nicht.

„Oh ja, sogar zwei. Hier ist ein Foto von ihnen", sagt Darth. Darth Vader nimmt einen bunten Bilderrahmen mit Schmetterlingen drauf vom Schreibtisch und zeigt der kleinen Spinne ein Foto mit seinen Kindern.

„Die sehen sehr nett aus", findet die Spinne. Auf dem Foto sieht man einen Jungen und ein Mädchen, die an einem weißen Sandstrand mit Förmchen und Eimer spielen. Mit sorgfältiger Handschrift hat jemand daruntergeschrieben „Sommerferien auf Naboo". Dahinter steht eine Jahreszahl, die aber mit dunklem Filzstift hastig durchgestrichen wurde.

„Hab sie lang nicht mehr gesehen", murmelt Darth Vader und nippt an seinem Mangosaft, „Haben uns nie ganz gut verstanden. Die haben sowieso immer gemacht, was sie wollten. Aber ich glaube, es geht ihnen gut." Hinter der Maske von Darth Vader hört die kleine Spinne ein besonders langgezogenes Schnaufen.

„Ich muss jetzt gehen, Herr Darth", sagt die kleine Spinne, „hab noch viel zu tun. Sie kennen das ja, immer Arbeit. Ich komme morgen wieder, dann können wir uns vielleicht wieder unterhalten."

„Ist gut, kleine Spinne Pup", flüstert Darth Vader und klingt etwas erschöpft, „schön, dass du da warst. Ich kriege so wenig Besuch hier, da freue ich mich immer, wenn mal jemand reinschaut."

Von diesem Tag an hat die kleine Spinne Pup den Darth Vader jedes Mal in seinem Büro besucht, wenn sie in dem mit

Teppich ausgelegten Bezirk des Todessterns arbeiten musste. Gemeinsam haben sie oft eine frischgepresste Mango-Limonade getrunken und aus dem großen Fenster den Raumschiffen beim Fliegen zugeschaut. Viel geredet wurde dabei nie und das fanden beide auch immer sehr gut so.

Nach fünf Jahren hat die kleine Spinne so viel Geld beim Putzen auf dem Todesstern verdient, dass sie mit einem Raumschiff wieder nach Hause geflogen ist und sich fürs Erste einen Bungalow in Miami gekauft hat. Zwei Jahre später eröffnet die kleine Spinne Pup zusammen mit Alice Cooper eine Bar in der Nähe des Andromeda-Nebels, die die beiden ab und zu mal für Betriebsfeiern vermieten. Darth Vader hat die kleine Spinne Pup nie wieder gesehen, aber zu Weihnachten und Erntedank schickt sie ihm immer noch eine selbstgemalte Karte.

When the devil is in her

Als der Teufel in ihren Körper fuhr, schlief Leeza. Mit einem Buch über Katalogisierungstheorien, das mittig aufgeklappt auf ihrem Gesicht ruhte, hatte sie im Park vor der Universität gelegen. Sie hat ihn nicht kommen sehen und all die anderen im Park auch nicht. Wenn sie später daran zurückdachte, konnte sie sich nur an die leichte Gänsehaut und dieses wohlige Kribbeln am ganzen Körper erinnern. Es fühlte sich ungefähr so an, wie ein Brausebonbon, das sich langsam im Mund auflöst – nur eben überall.

Niemand hatte so recht mitbekommen, wie die rötlich schimmernde, knapp zwei Meter große Gestalt mit den flammenden Füßen langsam aber zielstrebig die Grünfläche durchquerte, direkt auf Leeza zuhielt, sich neben ihren Kopf kniete und mit tiefem Bariton etwas sehr Unverständliches in einer sehr alten, unbekannten Sprache in ihr Ohr flüsterte. Und dann in demselben verschwand. In diesem Moment riss Leeza die Augen auf, von denen nur noch das Weiße zu sehen war, schlug sich das Buch vom Gesicht, sprang von der Bastmatte hoch, spreizte Arme und Beine vom Körper ab und schrie, ungefähr in der Art wie Katzen schreien, die sich nachts paaren.

Leeza entledigte sich, nachdem sie zehn Minuten auf der Wiese getobt hatte, aller ihrer Kleider. Zuerst warf sie ihre beigefarbene Hose mit den beiden noch beigeren Kaffeeflecken samt Slip von sich. Streifte daraufhin ihr T-Shirt ab und lief dann völlig nackt bis zum nächstliegenden Baum (übrigens ein in Würde gealterter Ahorn, der im Laufe seins 42-jährigen Daseins in seinem Umfeld schon allerlei gesehen und gespürt hatte, und deshalb beim Anblick eines nackten weiblichen Menschen, der schreiend auf ihn zu rannte, relativ gelassen blieb). Sie rieb sich voller Inbrunst eine halbe Stunde an der scharfen Rinde des würdigen Baums, nicht ohne dabei weiterhin gutturale Schreie von sich zu geben, die man in dieser Tiefe und Lautstärke nicht von einer 20-jährigen erwartet hätte. Die anwesenden Zuschauer des Schauspiels im Park, meist Mütter mit Kleinkindern, Rentner beim Boulespiel, Studenten und Obdachlose, die die gleichen Flaschen Billigbier leer machten, beobachteten das Tun des Mädchens, ohne jedoch einzugreifen.

Als Leeza allerdings im Folgenden auf allen vieren über die Wiese robbte, sich dann und wann mit einem zufällig gefundenen Stück Hundekot einrieb und sich anschickte, einem zweijährigen Mädchen am Sandkasten hinter dem Fußballfeld in den Hals zu beißen, zeigten ein paar Parkbesucher doch erste Anzeichen von Zivilcourage.

Recht beherzt und mit dem Wissen, etwas Richtiges zu tun, stürzten sich mehrere Mütter und Boulerentner auf die unberechenbar scheinende Leeza, entrissen ihr das schreiende Kind und hielten sie so lange in Schach, bis sie von der Polizei und einem Krankenwagen wegen „Fremdgefährdung“ in die geschlossene psychiatrische Abteilung des nächstgelegenen Krankenhauses gebracht wurde.

Die nächsten zwei Wochen verbrachten Leeza und der Teufel zunächst im Bett. Da sich das Mädchen in den 48 Stunden ziemlich ungebührlich aufgeführt hatte und die große Gefahr bestand, sie könnte nach ihrem ersten Angriff auf zwei Pfleger weitere Menschen mit ihren Bissen verletzen, wurde sie mit Bändern am Bett fixiert.

Ihre Eltern wurden über den Zustand ihrer Tochter informiert und machten sich umgehend ins Krankenhaus auf, um ihrem einzigen Kind beizustehen. Wofür ihre Tochter allerdings keine Dankbarkeit zeigte, da sie ihre Eltern bespuckte, ankotzte und aufs Übelste beschimpfte, so dass sich die anwesenden Ärzte fragten, woher diese junge Studentin des Bibliothekswesens all die Phantasie und Kreativität für solche geschwungenen obszönen Ausdrücke nahm.

In der nächsten Zeit wurden weitreichende psychiatrische Untersuchungen mit Leeza angestellt. EKG und EEG wurden regelmäßig gemessen, hochinteressante Tests, benannt nach verstorbenen Psychiatern, wurden durchgeführt, um doch noch einen Anhaltspunkt für das plötzlich seltsame Benehmen der Leeza R. zu finden. Man sprach mit den Eltern, die keinerlei Erklärungen für all das hatten. In Leezas Jugend gab es in keine Unregelmäßigkeiten, die die Psyche im Nachhinein so hätte erschüttern können. Sie war in einem gut behüteten Elternhaus aufgewachsen, hatte keine Geschwister, auch gab es keine Anzeichen auf sexuelle Misshandlung durch irgendwen, keine unbewältigten Probleme der Eltern, die sie belastet hätten. Es gab ebenso wenig unerfüllte Bedürfnisse, noch irgendwelche unterdrückte oder offen ausgetragene Konflikte, die in dieser Frau hätten schlummern können, um im Park wie ein Vulkan auszubrechen. Es war ein normales Leben mit einer normalen schulischen und beruflichen Laufbahn. Das einzige Bemerkenswerte war, dass all dies vielleicht eine Spur ZU normal gewesen war. Und vielleicht war dieses ganz normale Leben einer jungen Studentin genau das, was den Teufel gereizt hatte.

Die Ärzte verabreichten Leeza zunächst stark sedierende Medikamente, damit sie sich ruhig verhielt und diagnostizierten in Ermangelung anderer schlüssiger Erklärungen eine seltene Form der Schizophrenie. Sie beließen es fortan dabei, sie zu pflegen, zu beobachten und ruhig zu halten. Niemand zog ernsthaft die Möglichkeit in Betracht, dass der wahrhaftige Teufel sich in der jungen Frau eingenistet haben könnte.

Durch die Medikamente war Leeza immer schläfrig und sehr erschöpft. Speichel lief ihr wie ein Wasserfall immerzu aus dem Mund und oft blickte sie tagelang apathisch ins Leere. Manchmal erhielt sie Besuch von ihrer Mutter, die anfangs noch sehr entsetzt war, ihre Tochter im klinikeigenen fahlweißen OP-Hemd mit leerem Blick wie tot an die Decke starren zu sehen.

Der Teufel verhielt sich in Leezas Leib zunächst ruhig. Die Medikamente legten ihren Körper in Ketten und so war seine Bewegungsfreiheit stark eingeschränkt. Ehrlich gesagt hätte er Leeza ohne weiteres verlassen können, aber das lag vorerst nicht in seiner Absicht. Es wäre für ihn ein Leichtes gewesen, aus diesem geschwächten jungen Körper zu fliehen und eine leere Hülle zu hinterlassen, die noch apathischer und schwachsinniger gewesen wäre als im Augenblick, aber der Teufel zog es vor, weiterhin Gast in Leezas Körper zu sein. „Warum auch nicht?", war oft sein Gedanke. Die Geschäfte liefen gut, er hatte genug Muße, um sich eine kleine Auszeit zu gönnen (was nicht oft vorkam).

Natürlich wusste der Teufel trotzdem, was außerhalb von Leezas Körper, außerhalb des Krankenzimmers, auf den Fluren der geschlossenen Station vor sich ging. Schließlich hatte er seine Augen und Ohren überall und nicht zuletzt wimmelte es gerade hier von einer beträchtlichen Anzahl von Informanten. Informanten, die er schon früher besucht hatte und die genau deshalb hier gelandet waren und nun quasi alles für ihn tun würden. Aus dem einfachen Grund, dass ihr einziger noch existenter Wille der war, nie wieder den Kontakt zu ihm zu verlieren. Der Teufel wusste, dass manche Menschen dafür alles geben würden. Alles, damit er ewig und immer bei ihnen bleiben würde.

Ein vom Teufel Besessener, der machte schon was her. Man galt als komplett verrückt und versetzte viele Menschen in Angst und Schrecken, aber das war für die meisten Besessenen immer noch besser, als komplett ignoriert zu werden. Sie suchten seine Nähe, weil sie dann glaubten, mit ihm endlich etwas Besonderes zu sein, herausgelöst aus dem Alltäglichen. Und dieser Glaube war für sie eine Sucht.

Im Laufe der Zeit hatte der Teufel festgestellt, dass viele Menschen von dem Wahn, etwas Besonderes sein zu müssen, abhängig wurden wie von einer Droge. Und gerade weil er sie heimgesucht hatte, wurden sie in der Tat zu etwas

Besonderem – wenn auch dieser Zustand ganz allein davon abhing, wie lang er vorhatte, bei diesen Menschen zu bleiben, sich von ihren Energien zu nähren und ihre Gast- und Geistfreundschaft auszunutzen.

Und da lag das Problem. Viele jener, die er besuchte, verfielen der Vorstellung, sie wären auch ohne ihn etwas Besonderes, etwas Außergewöhnliches, und erst wenn ihnen nach seinem Verschwinden dämmerte, dass sie ohne den Teufel im Leib wieder in ihre normale alltägliche Existenz zurückgefallen waren, wurden sie richtig verrückt. Verrückt danach, dass er zurückkommt. Aus diesem Grunde taten sie die seltsamsten Sachen – selbst der Teufel war manchmal erstaunt – in der Hoffnung, er würde ihnen wieder die Ehre erweisen. Aber der Teufel kam nie ein zweites Mal in denselben Körper zurück. Er konnte es nicht. Das hatte er oft genug erfahren. Selbst wenn er wollte, war es ihm nicht möglich. Und es gab einige, die er wirklich gern noch ein zweites Mal besucht hätte. Nicht, weil sie besonders nett zu ihm gewesen wären. Nein, einfach weil sie ihm die besten Möglichkeiten geboten hatten. Es hatte nichts mit Sympathie von seiner Seite aus zu tun, denn die hegte er nicht, ehrlich gesagt, konnte er dieser ganzen Sympathiekacke zwischen Menschen und Über- bzw. Unterirdischen noch nie etwas abgewinnen. Er wusste, dass er diese Gestalten, deren Gemüter ihm offen standen wie Scheunentore, einfach ausnutzen konnte. Wie jemand, der ungebeten zu Gast kommt, sich auf die Couch setzt, die Füße hochlegt, das Bier aus dem Kühlschrank wegtrinkt, die Vorräte wegfrisst, die Tochter des Hauses vögelt und wilde Partys veranstaltet. Und dann von den Bewohnern des Hauses nicht mal verjagt wird. Eigentlich, und das wusste der Teufel genau, war er ein Parasit. Wenn es ihm passte, nistete er sich ein, und wenn nicht – dann brauchte er die Menschen nicht. Notfalls konnte er auch drei Jahre lang auf einem Baum sitzen, ohne dass irgendjemand – Gott mal ausgenommen – ihn bemerken würde. So einfach war das.

Warum er diesmal Leeza ausgesucht hatte, wusste der Teufel nicht. Es war keine Willkür und kein Zufall, aber er konnte es nicht erklären. Sie entsprach nicht seinem Schönheitsideal (dem entsprach kein Mensch, nicht einmal die schönsten Frauen und in den wenigen Fällen, wo er es geschafft hatte, einer von ihnen seinen Begriff von Schönheit ansatzweise zu vermitteln, hatte diejenige nie mehr lang genug gelebt, um das nachzuvollziehen). Der Teufel kam zu dem Schluss, dass Leeza einfach zur rechten Zeit am rechten Ort gewesen war.

Leeza hatte sich und ihn in den ersten Tagen oft gefragt, warum er sie ausgewählt hatte. Er konnte ihr keine Antwort geben, obwohl er sich als sehr gesprächig herausstellte. Sie unterhielten sich lang, sehr lang, manchmal drei Tage ununterbrochen und es gab kein Thema bei diesen Gesprächen, das sich wiederholte. Der Teufel war dabei ruhig und geduldig, nicht nett, mehr abweisend, eher spröde, denn Sympathien hegte er wie gesagt für niemanden. Und doch stieß er Leeza bei diesen Gesprächen zu Gedanken an, die sie vorher nie gehabt hatte. Dinge wurden ihr dadurch klarer und schlüssiger und immer, wenn eine Pause eintrat in ihrem Dialog, beendete der Teufel das Gespräch mit den Sätzen: „Das muss unter uns bleiben. Das wird unter uns bleiben."

Rein äußerlich geschah während der folgenden Jahre nichts Besonderes mit Leeza. Trotzdem blieb sie immer Thema unter den Patienten, den Pflegern, den Ärzten und all dem Volk, das sich auf der Station rumtrieb. Gerüchte machten die Runde. Je länger Leeza bewegungslos in ihrem Bett lag, mal angegurtet, mal nicht, desto interessanter wurden die Geschichten, die man ihr zuschrieb, desto fantastischer wurden die Ereignisse, die sich in ihrem Zimmer zugetragen haben sollten. Ein langjähriger Patient vom Nachbarzimmer beschwor, wie er eines Abends ein grünliches Licht gesehen hatte, das unter der der geschlossenen Tür hervorglühte. Es wurde von seltsamen knackenden Geräuschen berichtet, die nachts aus dem Zimmer kamen und auf der gesamten Station zu hören waren. Von einem Schwarm riesiger Heuschrecken, die wie ein Vorhang das Fenster verdunkelten. Und auch unter den Generationen von Pflegern, die im Rahmen ihrer Berufskarriere mehr oder weniger lang auf der Station arbeiteten, machte der Name der Schizo-Leeza die Runde. Eine Nachtschwester, die während einer Silvesternacht wie gewöhnlich ihre Runde durch die Patientenzimmer machte, wollte Leeza gesehen haben, wie sie samt Bettdecke zwei Meter über dem Bett schwebte und dabei in dem Raum eine Totenstille herrschte wie in einer, von jedem Lärm abgeschotteten, schalldichten Kammer. Andere Ereignisse waren weniger imposant, trugen jedoch zum mysteriösen Ruf Leezas bei. So war es beinah normal, dass die nunmehr exmatrikulierte Studentin morgens in unregelmäßigen Abständen wie eine Taube gurrte oder täuschend echt wie ein Tiger fauchte. Und das, während sie mit geschlossenen Augen und absolut unbeweglich in ihrem Bett lag.

Doch niemand nahm je an, dass all die Äußerungen Leezas vielleicht nur Reaktionen ihres Körpers auf die Regungen des Teufels waren, der tief in ihrem Innern zu Besuch war. Der seine persönlichen Feiertage beging, indem er eine junge Frau über dem Bett schweben ließ. Der ihrer Kehle Grunzlaute entfleuchen ließ oder ihre feinen Finger dazu benutzte, das Bett kunstvoll mit Urin und Kot zu beschmieren.

Der Teufel feierte gern und oft. In seinem Kalender waren viele Feiertage vorgesehen und die mussten alle gefeiert werden. Meistens mit einem Tanz. Und wenn der Teufel tanzte, dann hatte das sehr unterschiedliche Auswirkungen. Natürlich ist der Kalender des Teufels anders aufgebaut als der der Menschen, egal welcher Weltanschauung. Es schien keine gleichmäßigen Abstände zwischen dem zu geben, was man herkömmlich in Tage einteilte. Manchmal, wenn er wie wild tanzte, fragte Leeza ihn: „Was machst du?“

„Ich feiere Silvester. Ein neues Jahr fängt an. Man muss es feiern.“

Und als nach Leezas Zeitgefühl zwei Tage vergangen waren, fing der Teufel wieder an zu tanzen und zu feiern. Und sie fragte ihn: „Was machst du da?", und er antwortete: „Ich feiere Silvester, ein altes Jahr ist um." Sie verstand es nie. Nur dass der Kalender des Teufels nach anderen Gesetzen als dem Lauf der Sonne oder der Jahreszeiten funktionierte, das kapierte sie recht bald. Es gab einzelne Tage, die dauerten zwei Wochen und manche Monate gingen nach wenigen Sekunden vorbei. Jahre konnten so lang sein wie herkömmliche Menschenjahre oder so kurz wie ein Wimpernschlag. Es gab Monate, die dauerten Sekunden und Wochenenden, die sich über sieben menschliche Monate erstreckten. Dann fiel ein ganzes Jahr in wenigen Minuten zusammen und eine 5-Tage-Woche des Teufels konnte sich zu einem menschlichen Quartal kulminieren. Manchmal fragte sie den Teufel, wie sein Jahresablauf aussah, wollte wissen, wie seine Monate und Tage sich aufteilten, doch er schaute sie dann nur aus den Winkeln seiner schmalen gelben Augen an und schwieg.

Stundenlang konnte er dann da sitzen und ins Leere starren. In gebückter Haltung, den einen Arm auf das Knie gestützt und mit der burgunderfarbenen Hand das feuerrote Kinn stützend, saß er da wie eine alte griechische Philosophenstatue. Leeza fragte sich oft, was in diesen Stunden tiefer Versunkenheit im Kopf eines Teufels vorgehen mochte. Er wirkte seltsam abwesend, als hätte sich sein Geist in Probleme vertieft, deren Dimensionen für einen Menschen nicht ansatzweise zu fassen gewesen wären.

Es waren solche Momente, an denen Leeza dachte, der Teufel wäre vielleicht depressiv. Wobei allein dieser Eindruck für Leeza schon recht absurd war. Ein gedankenverlorener Teufel, depressiv dazu, der ihren Körper und Geist besetzte, war definitiv nicht normal.

Leeza war sich der Situation, in der sie sich befand, zu einem gewissen Grad bewusst. Auch wenn es nach außen hin nicht den Anschein hatte. Ihr war klar, dass sie in einem Bett in einer Psychiatrie lag und dass an ihrem letzten selbstbestimmten Tag im Park etwas geschehen war, das ziemlich unfassbar war und ihre weiteren Lebenspläne für immer zunichtegemacht hatte. Nur war sie nicht fähig, das irgendeinem Menschen mitzuteilen. Ihr Kontakt zu der Welt war unterbrochen. Unterbrochen von einem Wesen mit roter ledriger Haut und einem moschusartigen Körperduft, das nackt in ihrem Kopf saß. Der Teufel, mit dem sie nun Körper und Verstand teilte, der in sie eingezogen war wie der französische Mitbewohner in ihre damalige WG, hatte sie einerseits fest im Griff. Andererseits war es für Leeza keine Situation, die sie beunruhigte. Sie war immer noch Herr ihres Geistes, nur war es so, als wäre auf einmal noch jemand zu Besuch in ihr. Jemand, der dazu noch die Kontrolle über ihren Körper erlangt hatte und der Meinung war, es wäre für diesen Körper das Beste, mit Bändern fixiert in einem Krankenhausbett liegen zu müssen und teilnahmslos die Decke anzustarren. Aber Angst? Da war keine Angst. Auch keine Ehrfurcht, aber auch kein Zorn über diesen Teufel, der ohne jedes Recht und ziemlich dreist ihren Körper seinem Willen unterworfen hatte. Sie spürte eher Interesse für das, was mit ihr vorging, wie die Anwesenheit des Teufels ihr gesamtes Dasein veränderte. Das Einzige, was sie vermisste, war ihr Zeitgefühl. Nicht einmal ansatzweise hätte sie sagen können, wie lang der Teufel jetzt schon Bestandteil ihres Lebens war. Und wie lang sie schon im Krankenhaus war. Auch an die Szene im Park, als er zum ersten Mal bei ihr aufgetaucht war, erinnerte sie sich immer weniger. Es war wie ein Filmriss, den man manchmal nach einem langen derben Besäufnis hat. Was Leeza in ihrem früheren Leben noch nie erlebt hatte. Dass der Teufel sie um diese wertvolle Erfahrung gebracht hatte, machte sie von Zeit zu Zeit allerdings doch etwas sauer. Natürlich hatte der Teufel ihr immer wieder erzählt, was passiert war, aber so richtig hatte sie ihm das alles nicht abgenommen. Denn wer würde schon dem Teufel glauben, wenn er so etwas erzählt?

Eines Tages fragte Leeza ihn: „Welcher Tag ist heute?"

Der Teufel grunzte müde: „Ist das wichtig?"

„Ich weiß nicht. Trotzdem möchte ich gern wissen, was heute für ein Tag ist. Welches Jahr wir haben. Wie alt ich jetzt bin. Welche Jahreszeit draußen ist. Ist Frühling? Es ist bestimmt Frühling. Ich mag den Frühling. Weißt du, wie lange ich schon keinen Frühling mehr gesehen habe. Lass mich aus dem Fenster sehen. Ich will die Sonne auf meiner Nase spüren. Ich will etwas Warmes um mich herum haben. Es ist doch Frühling, oder?"

„Vielleicht", murmelte der Teufel. „Warum ist das wichtig für dich? Du bist nicht viel anders als die anderen Menschen. Immer regt ihr euch über die Zeit auf. Wollt wissen, wo ihr seid und wann ihr seid. Wo ihr im Leben steht und wie viel ihr noch davon habt und so was. Und dabei ist es so unwichtig. Aber gut, vielleicht hast du recht. Ich werde dir sagen, welcher Tag ist: Wir haben Mai, den 15., um genau zu sein. Draußen ist nach euren Maßstäben ein herrlicher Tag, die mittlere Tagestemperatur beträgt 21 Grad Celsius. Die Apfelbäume stehen in voller Blüte, ein leichter Wind geht aus Nord-Nordost, so dass die gefühlte Temperatur ungefähr bei 18 Grad liegt. Reicht dir das?"

Leeza spürte zum ersten Mal seit langem so etwas wie einen kribbeligen Optimismus. „Kann ich … Können wir, nicht mal rausgehen? Raus in den Park, den Frühling sehen? Lass uns in den Park gehen. Ich will die Sonne spüren. Lass uns einfach rausgehen. Bitte. Wir sind schon so lange hier. Wenn du der Teufel bist, warum kannst du mich nicht einfach raus in den Park bringen? In die Sonne. Wäre das so schwer für dich? Bitte …"

„In die Sonne? Raus? In den Park?" Der Teufel gurrte etwas Unverständliches durch seine dicht bewachsenen Nasenlöcher. „Gut, warum nicht, ich führe dich raus. In den Park. Danach werde ich gehen. Ich werde dich verlassen. Ich habe gewartet, bis du mich nicht mehr brauchst, und das ist jetzt geschehen, also gehe ich jetzt, doch vorher führe ich dich in die Sonne. In die Sonne. In die Sonne." Leeza schlief ein.

„Und jetzt öffne die Augen!" Die Stimme des Teufels kam von irgendwo weiter weg, sie merkte, dass er nicht mehr in ihrem Kopf war, alles fühlte sich so leicht, fast schwerelos an. Sie blinzelte, um sich an das helle Tageslicht zu gewöhnen und sah sich um. Der Teufel hatte recht gehabt. Es war ein herrlicher Frühlingstag und sie stand mitten in einem menschenleeren Park. Zu allem Glück war es auch noch der schöne Park vor ihrer Universität. Die Bäume blühten, ganze Schwärme von Pollen schwebten wie auf einem Feldzug auf menschliche Bronchien durch die Luft, Vögel zwitscherten locker und die Wiese stand in vollem Grün, gespickt mit fetten leuchtenden Blumen. Überall schnabulierten Käfer und Schmetterlinge aller Art in die Sonne. Leeza glaubte, aus unbestimmbarer Richtung leise die bittersüße Melodie eines alten Hank-Williams-Songs zu hören. Zwischen den Bäumen am Rand der Wiese strich ein Fuchs von einer Seite zur andern. Leeza schaute an sich herunter. Sie trug ein geblümtes Kleid, wie sie es im Krankenhaus nie getragen hatte, es ging bis zu ihren nackten Knien. Die Grashalme kitzelten zwischen den Zehen. Ein gutes Gefühl. Als sie aufschaute, sah sie in knapp fünf Metern Entfernung den Teufel. Das eine Bein über das andere geschlagen saß er da, verbreitete den Eindruck leichter Langeweile, und fixierte Leeza mit seinen gelben Augen.

„Und? Zufrieden?", fragte er.

Leeza lächelte. „Es ist … wunderschön. Ich hätte nie gedacht, dass es so schön sein kann im Park. Können wir nicht ab jetzt öfter hier hingehen?"

Der Teufel schnaubte. „Tu was du willst. Wie ich dir gesagt habe, werde ich gehen. Es steht mir nicht mehr der Sinn danach, länger deine Begleitung zu sein. Du ödest mich an."

„Aber … du kannst jetzt nicht gehen. Wir waren so lang zusammen. Ich weiß nicht mehr, wie es ist, so ohne, ohne

… ganz allein. Ich kann nicht mal allein aufs Klo gehen. Du hast alles gemacht und ich will, dass du hier bleibst. Bitte! Geh nicht weg!" Der Teufel grinste. Es war am Ende doch wieder das Gleiche wie bei all den anderen. Und genau diese Momente in seinem Leben waren gar nicht so schlecht. „Auf Wiedersehen Leeza. Wir werden uns wohl nicht mehr wieder begegnen. Und vergiss nie, was ich dir gesagt habe."

Dann drehte er sich um und bewegte sich langsam über die Wiese davon, leicht wankend und vorn übergebeugt wie ein sehr alter Mann mit sehr fiesen Rückenschmerzen. Leeza spürte eine unendliche Müdigkeit, die plötzlich durch ihren Körper kroch. Sie merkte noch, wie der Boden unter ihr schwankte und sie der Länge nach in das weiche, duftende Gras fiel.

Man fand die Frau drei Tage später. In einer 450 Kilometer weiter östlich gelegenen Stadt hatte ein Rentner in einem Gebüsch einen gefrorenen Frauenleichnam entdeckt, als sein Hund unglücklicherweise sein Bein an dem zugeschneiten Körper hob. Der alte Mann, so gab er später zur Auskunft, hatte sich gewundert mitten im Dezember bei gefühlten Temperaturen, die schon nahe am absoluten Gefrierpunkt liegen mussten, unter dem vom heißen Urin seines Terriers angetauten Schnee, ein so hübsch geblümtes Frühlingskleid zu entdecken. Niemand, der ganz bei Trost war, hätte sich in so einem Aufzug bei dieser Jahreszeit in diesem trostlosen Park, dessen verschneite Rasenflächen von betonierten Gehwegen und öligen Tümpeln grausam durchschnitten waren, rumgetrieben. Weder die Polizei noch Mediziner konnten sich erklären, wie eine pflegebedürftige 60-jährige, die den größten Teil ihres Lebens in einem Pflegeheim ans Bett gefesselt gewesen war, nach ihrem unerklärlichen Verschwinden wenige Tage zuvor den Weg bis in dieses Herz einer Winterdepression schaffen konnte, ohne dass irgendjemand davon Notiz genommen hatte. Das alles half Leeza natürlich nun nicht mehr weiter. Denn natürlich war in dem Park, in den sie mit dem Teufel hingegangen war, gerade kein Frühling. Es war auch nicht der Park ihrer Universität. Nicht mal ein Park in der Stadt, in der sie ihr ganzes Leben lang verbracht hatte. Und natürlich war das, was der Teufel vom Freilassen erzählt hatte, irgendwie auch alles Käse. Kurzum: Der Teufel hat Leeza nach Strich und Faden verarscht. Was aber sein gutes Recht war. Schließlich ist er der Teufel.

Milja

Es war ein Sonntag, an dem man nichts tun konnte, außer sich tödlichst zu langweilen, wenn man keinen Kater hatte. Ich war seit zwei Nächten nüchtern geblieben, deshalb beschloss ich, meinen alten Freund Milja zu besuchen. Wir hatten uns seit ein paar Monaten nicht mehr gesehen. Genau gesagt, seit dem Tag, an dem er umgezogen war und mich gebeten hatte, ihm dabei zu helfen. Danach hatte ich nichts mehr von ihm gehört. Milja war in eine etwas öde Gegend kurz außerhalb des S-Bahnrings gezogen. Immer noch gut zu Fuß von der Station erreichbar, aber außerhalb des S-Bahnrings. Für mich, wie wahrscheinlich alle anderen Leute, die ich kannte, war das schon so etwas wie eine verbotene Zone. Eine Gegend, in die man einfach nicht ging, in der man keine Leute kannte und in der man bestimmt nicht wohnen wollte. Milja hätte bestimmt eine Wohnung in einem anderen Viertel gefunden, aber ich hatte den Eindruck, er wollte irgendwohin, wo er niemanden kannte und ihm keiner auf die Nerven ging.

Ich zog meinen Mantel über, setzte die graue Mütze auf und steckte die Zigaretten in die rechte Tasche. Draußen war es kalt, grau und dunkel, ein Novemberabend wie ein Klischee. Gelbbraune Straßenlaternen verbreiteten lustlos gelbbraunes Licht. Nach fünf Minuten klebte ein totes Ahornblatt an meinem Schuh, es legte sich klatschnass quer über meinen Span, als wollte es sich aufdrängen, doch mitkommen zu dürfen. Es war durchaus zulässig, gewisse Parallelen zu ziehen, dieser Sonntagabend war genauso tot wie das Blatt. Im Herbst sah die trübe Gegend, in die Milja gezogen war, noch langweiliger aus als sonst. Altbauten, an denen der graue Putz von den Fassaden bröckelte, wechselten sich ab mit niedrigen DDR-Plattenbauten, die mit Waschbeton verkleidet waren. In der kleinen Stichstraße war kein Mensch zu sehen, die

Kneipe mit dem grüngoldenen Eingangsschild und dem Namen in Frakturschrift an dem Haus, in dem er wohnte, hatte seit Monaten geschlossen.

Ich suchte Miljas Namen an den Klingelschildern. Fast an jeder Klingel waren mindestens drei Namen zu lesen, aber soweit ich wusste, war Milja nicht in eine WG gezogen. Ich klingelte dort, wo nur der schmierige Rest eines Klebestreifens pappte.

Fünf Minuten vergingen. Hätte ich vorher anrufen sollen? Milja hatte kein Handy, und seine Festnetznummer kannte ich nicht. Es war nicht einfach, mit ihm in Kontakt zu treten. Ich zündete mir eine Zigarette an und klingelte noch mal. Kaum hatte ich den Knopf gedrückt, schepperte eine brüchige Stimme durch die Gegensprechanlage.

„Hallo?"

„Hi Milja, ich bin's." Ich hoffte, dass er meine Stimme erkannte. Eigentlich hatte ich Milja nur zweimal bei einem Job gesehen. Danach waren wir nach jeweils einer 14-Stundenschicht in die nächste Kneipe gegangen und hatten die folgenden sechs Stunden nebeneinander gesessen und den billigsten Cocktail, der mit Gin zu kriegen war, getrunken. Die Worte, die wir dabei gewechselt hatten, ließen sich an einer Hand abzählen.

In der Sprechanlage war ein Zischen zu hören, dann ein Räuspern, dann beides.

„Ach du. Ja. Komm hoch."

Das aggressiv abwehrende Summen des Türöffners quoll irgendwo aus dem verbeulten Rahmen des Eingangs. Ich drückte mich gegen die Blechtür und machte das Licht im Hausflur an. Es roch nach Pisse und kaltem Rauch. Die Tür zum Hinterhof stand sperrangelweit offen, an den Wänden waren meterhoch kryptische Graffiti gesprüht, die kein Mensch, wahrscheinlich nicht mal der Künstler selbst, mehr deuten konnte. Die Zeichen und Kringel sahen aus wie absurde Hieroglyphen eines südamerikanischen Inkatempels. Als hätte ein besoffener Mayapriester den entscheidenden Hinweis zu einem Schatz aus Katzengold an die Wand gepinselt. Jeder flaumbärtige HipHop-Künstler des Viertels, der besoffen eine Sprühdose halbwegs in der Hand halten konnte, schien sich hier verewigt zu haben.

Milja wohnte im vierten Stock, direkt unter dem Dach. Ab der zweiten Etage war die Flurbeleuchtung ausgefallen. Nur durch die Fenster, die zum Hinterhof führten, fiel etwas Helligkeit eines rot blinkenden Neon-Herzens von der gegenüberliegenden Seite des Hofes ins Treppenhaus. Die Dielen im Flur knarrten bei jedem Schritt und hatten die Farbe von altem Rinderblut. In jedem Stockwerk waren drei Wohnungen, alle hatten die gleichen, vor dunkelbrauner Lackfarbe glänzenden Türen. Manche der Türen waren mit Aufklebern von Bands verziert, die mir nichts sagten. Ich tippte auf Studenten-WGs. Der Pissegestank vom Erdgeschoss wurde von einem rustikaleren Geruch verdrängt, der an Kohle erinnerte, die im Ofen brannte. Oben angekommen, klopfte ich an die linke Tür, die ein Stück weit aufstand. An Miljas Tür klebte kein Aufkleber, ein halb abgerissenes Namensschild baumelte unter dem Türspion, der mit Farbe übermalt war. Jemand hatte mit roter Farbe „ASI-FOTZER" an die Wand gesprüht.

Der Flur der Wohnung war dunkel. Nichts bewegte sich. War ich in der richtigen Wohnung? „Hallo? Milja? Bist du das?"

Tief hinten im Flur rührte sich jetzt was. Ich erkannte den flackernden Schein eines Fernsehers. Es war kein Ton zu hören. Jetzt bewegte sich eine Gestalt durch den Flur auf mich zu.

„Hallo. Wieso hast du nicht angerufen? Ich hätte was zu trinken besorgt." Milja machte gleichzeitig das Licht im Flur und in der Küche an. Es war bullig warm in der Wohnung, der alte Kohleofen in der Ecke der Küche war kochend heiß, als ich mich dagegen lehnte.

Milja trug eine alte schwarze Unterhose und ein beiges T-Shirt mit der Aufschrift „CLUB". An den Ärmeln waren pfenniggroße Löcher wie von Motten gefressen. Seine schwarzen Haare hingen bis zu den Schultern runter und glänzten fettig im Küchenlicht. Er grinste mich freundlich an und zeigte seine letzten beiden Zähne, die tapfer in der ersten Reihe standen. Ich fragte mich, ob er wusste, wer ich war.

„Ich dachte, ich komm mal vorbei."

„Gut. Willst du was trinken?"

„Ich denk, du hast nichts da."

„Hab ich nur so gesagt. Wir könnten einen Grog machen." Er ging zum Regal und nahm eine halbvolle, dick mit Staub bedeckte Flasche Rum heraus, blies ein paar Flusen weg und füllte etwas davon in einen Topf, der auf dem Herd stand.

Ich schaute mich in der Küche um. In der Spüle standen diverse Töpfe mit brackigem Spülwasser gefüllt. Daneben quetschten sich Messer, Gabeln, Teller und Gläser. Über dem Wasserhahn hing ein rosa Spüllappen wie die Zunge einer toten Kuh. Abgewaschenes Geschirr, mit eingetrockneten Kalkflecken verziert, stand daneben und wartete wahrscheinlich vergeblich darauf, dass es irgendjemand in den Schrank räumen würde. Das schmale Fenster zum Hof war bis zur Hälfte mit einer gelblichen, blickdichten Folie abgeklebt. Es roch süßlich nach vergessener Sauberkeit. Von der Decke baumelte ein brauner Klebestreifen, der mit schwarzen Fliegenkadavern überzogen war. Ich verscheuchte eine dicke schwarze Katze vom Küchenstuhl und setzte mich. Beobachtete Milja, wie er am Gashahn herumhantierte und mit dem Stummel eines Joints die Gasflamme anzündete.

„Und sonst?"

„Danke. Gut."

„Was machst du so?"

„Wie immer."

„Ich auch."

„Muss ja."

„Klar."

Auf dem Tisch lagen die bunten Verpackungsreste diverser

Nudelsnacks vom Asiashop. Kleine halbaufgerissene Beutel mit schwungvollen Schriftzeichen und lustigen Figuren inmitten von schlecht fotografierten Serviervorschlägen. Dickflüssige Soßenreste von irgendeiner exotischen Schnellmahlzeit klebten auf der Tischplatte. Krümelige Trockenzwiebeln garnierten das Ganze. Eine Schale mit einem eingetrockneten Suppenrest ruhte in der Mitte des Tisches. Die Katze glotzte mich an und sprang mit einem Satz auf den Tisch, um ein paar Krümel aus der Suppenschale zu lecken.

„Seit wann hast du die Katze?"

„Schon länger."

„Aha. Ist die lieb?"

„Ja. Ist sehr lieb. Kotzt aber überall hin."

„Wusste gar nicht, dass du Katzen magst."

„Doch. Hatte früher schon welche. Sind aber schon alle tot."

Milja beobachtete gespannt den Topf mit dem heißen blubbernden Wasser. Sein Kopf hing fast waagerecht über dem Herd, die spaghettidünnen Haare schienen fast in den Topf zu fallen. Als die Blasen fast über den Rand des Topfes schwappten und einige Spritzer zischend auf dem Herd landeten, nahm er den Topf und goss das Wasser in zwei Tassen, die er danebengestellt hatte. Er machte die Tassen halb voll und füllte den Rest mit Rum auf. „Zitrone dazu?"

„Zitrone wäre super."

Er ging zum Kühlschrank, nahm eine kleine vertrocknete braune Kugel heraus und presste ein paar Tropfen in jedes Glas. Milja ließ die Tassen nicht aus den Augen, und drückte dabei mit höchster Konzentration die Zungenspitze in den rechten Mundwinkel zwischen die Lippen. Dann reichte er mir die Tasse.

„Hier."

„Danke." Ich nahm einen winzigen Schluck. Der Rum brannte in der kleinen Wunde, die mir meine Freundin vor zwei Tagen in der Unterlippe zugefügt hatte. Der Grog schmeckte, als hätte Milja den Rum pur gekocht. Mir wurde heiß, der

Schweiß schoss mir aus allen Poren. Ich spürte, wie mir ein Tropfen an der Schläfe entlang über die Wange lief. Mit einem Ruck stand ich auf und zog Mantel, Schal und Mütze aus.

Milja hatte sich auf den anderen Stuhl gesetzt. Er fläzte sich breitbeinig auf der Sitzfläche. Die Ränder der Unterhose waren so ausgeleiert, dass seine Klöten samt Sackhaaren aus beiden Hosenlöchern raushingen. Es war ihm anscheinend egal. Die Katze war auf seinen Schoß gesprungen und schubberte mit ihrer Schnauze an seiner Wange lang.

Ich stand mitten im Raum und sah mich um. Milja schaute auf den Grund seiner Tasse, die er in einem Zug geleert hatte. Mit einem langen Seufzer knallte er sie auf den Tisch. Ich schaute ihn interessiert an. „Hast du gerade viel zu tun?"

„Jetzt gerade? Nö. Eigentlich gar nichts. Müsste mal wieder was machen. Ist gerade `ne schlechte Zeit."

„Aha." Ich schlenderte an der Küchenzeile lang. Die vordere linke Kochplatte war mit schwarzen Aschesprengseln übersät. Überall hatten sich Soßenspritzer zentimeterdick ins Email eingebrannt. Auf der hinteren rechten Platte stand ein Topf aus Metall, in dessen Mitte zwei kleine, braune Krümel glänzten. Ich beugte mich über den Topf, um es genauer zu beobachten. Es sah aus wie der nicht ganz vollständig aufgelöste Rest eines Suppenpulvers. „Was ist denn das?"

„Was?"

„Das in dem Topf. Gab's heute Suppe bei dir?"

„Nee. Das ist Kacke."

„Kacke?"

„Ja."

Ich zuckte etwas mit dem Kopf zurück, schaute in meinen Grog und glaubte dort am Boden der Tasse auch einige kleine dunkle Krümel entdeckt zu haben. Ich stellte die Tasse in die Spüle. „Hat die Katze in den Topf gekackt?"

„Nee. Ich. Die Katze hat ein Katzenklo."

„Aber was ist mit deinem Klo?"

„Ist kaputt. Verstopft." Die Katze war jetzt auf den Boden

gesprungen und leckte sich den Bauch.

„Und da hast du in den Topf geschissen?"

„Nee. Ja. Den Topf hab ich aber schon länger. Das Klo hier ist ok."

Ich runzelte die Stirn und blickte zu Milja, der sich mit buddhistischer Ruhe am Hinterkopf kratzte. „Versteh ich nicht."

„Der Topf ist aus der alten Wohnung. Da war das Klo kaputt. Verstopft. War randvoll. Konnte ich nicht mehr benutzen. Dann hab ich den Topf genommen. Und dann musste ich umziehen."

„Und dann hast du in den Topf gekackt?"

„Ja."

„Und hast den Topf beim Umzug mit in die neue Wohnung genommen?"

„Ja. Als Ersatz. Wenn mal was passiert." Milja fuhr sich mit der Hand durch die Haare, gähnte und kratze sich am Bauch. Er schlug die Beine übereinander. Mir fiel auf, dass er zwei verschiedene Tennissocken trug, die beide blassbraun waren und am Bündchen ausleierten. An der linken Ferse war das Gewebe so durchgewetzt, dass die bleiche käsige Farbe seines Fußes durchschimmerte. Mir war nie bewusst gewesen, dass seine Beine so dünn wie Streichhölzer waren und sein Bauch so rund wie eine Kugel. Wie Milja so auf dem Stuhl saß, erinnerte er mich an diese kleinen Kastanienfiguren, die ich als Kind gebastelt hatte. Man steckte zwei Streichhölzer in eine Kastanie, das waren die Beine, die Marone war der Bauch, dann kam noch ein Streichholz als Hals, zwei weitere als Arme dran und oben drauf ein Kastanienkopf. Milia war ein lebender Kastanienmann, der in alten Socken und fleckigen Unterhosen in einer dreckigen Küche saß. Auf seinen Socken waren kleine grinsende Gesichter eingestickt, darüber stand in grober Schrift „Happy Sports".

Wieder blickte ich in den Topf. Die beiden glänzenden Krümel sahen jetzt nicht mehr aus wie unaufgelöste Pulverreste

Erst jetzt entdeckte ich die braunen Schlieren, die sich rund um den Rand des Topfes zogen. Mein Kehlkopf schien sich direkt gegen die Speiseröhre zu drücken. Der Grog brannte im Magen, schob sich durch meinen Hals wieder nach oben und verlangte ohne zu klopfen nach Ausgang. „Und… wie lange steht der Topf jetzt schon da?"

„Seit dem Umzug. Glaub, du hast ihn sogar in der Kiste hier hochgetragen. Hab ihn mal rausgestellt. Zum Lüften. Wann bin ich hier eingezogen? Warte mal …" Er fixierte einen unbestimmten Punkt an der Zimmerdecke und ließ die Zungenspitze als Zeichen äußerster Konzentration von einem Mundwinkel in den anderen fahren. Die Katze ließ sich auf den schmockigen Boden plumpsen und reckte sich auf das doppelte der normalen Länge. „Ist ungefähr sechs Monate her. War schon mal voller, der Topf. Aber die Katze hat alles gegessen."

„Aha."

Aus dem hinteren Teil der Wohnung kam ein rumpelndes Geräusch. Ich glaubte ein leises, zartes Niesen zu hören. Plötzlich fragte ich mich, wen oder was es in Miljas Wohnung noch so zu sehen gab. Aber der Drang, jetzt diese Wohnung zu verlassen, war um einiges stärker. Ich schaute auf die Katze, die sich in Halbmondform am Boden räkelte. Sie starrte irgendeinen Fleck an der Wand an.

„Tja. Ich muss mal wieder. Danke für den Grog. Hat echt gut getan."

„Da nicht für. Kannst gern noch mal kommen. Dann kriegst du wieder einen. Ich glaub, die Katze mag dich."

Ich zog Mantel, Mütze und Schal wieder an und ging zu Tür. Die Katze schnüffelte an meinem Bein. „Wie heißt die eigentlich?"

„Kissa. Ist finnisch. Heißt Katze."

„Guter Name für `ne Katze."

„Stimmt."

Im Hausflur knipste ich das Licht an. Auf dem Weg nach unten nahm ich jedes Mal drei Stufen auf einmal.

Auf der Straße merkte ich, dass etwas weiches Matschiges an meinem linken Fuß klebte. An einem kleinen Grünstreifen an der Hauptstraße trat ich mir die Schuhe sorgfältig ab, ohne hinzuschauen, was es war.

Firma

Es sind die kleinen süßen Ladenlokale in dieser Stadt, die mich nicht loslassen. Viele davon sind vermietet, schließlich muss der Besitzer damit irgendwie an Geld kommen. Wohnungen im Erdgeschoss zur Vorderseite hin sind nicht so beliebt, also ist unten meist ein Ladenlokal im Haus. Manchmal sind es kleine Räumlichkeiten, in denen sich ein Secondhand-Shop, eine total flippige Schneiderei, vielleicht ein kreatives Kreativbüro, eine Heilpraktikerin oder eine Dönerbude eingenistet hat. Dönerbuden, HeilpraktikerInnen, Grafik/Design/Internetfirmen halten sich meist länger, ausgefallene Läden, in denen es nur Filzknöpfe oder Kondome aus Lakritz gibt, nicht so lang.

Auch ich habe mir überlegt, so eine kleine Firma zu gründen. Besser gesagt, so ein kleines Ladenlokal zu mieten. Da mache ich dann irgendwas. Fünfundvierzig Quadratmeter dürften reichen. Bitte mit Teeküche und Klo. Und Schaufenstern. Bitte nicht direkt an einer großen Hauptstraße, mehr so was Kleines tief im Kiez.

Da würde meine Firma, die ich gegründet habe, um irgendwas zu machen, dann residieren. Niemand würde genau wissen, was meine Firma macht. Ich würde draußen ein tolles Schild anbringen, vielleicht so ein Messing-, Bronze- oder Goldfarbenes mit Gravierung, ich meine natürlich Gravur in *schräger Times New Roman-Schrift.*

Auf dem Schild würde der Name stehen, meiner zumindest. Auf alle Fälle aber nicht, was meine Firma so anbietet oder tut. Vielleicht irgendwas sehr allgemeines. So was wie „Flanell & Generell – Beratung und Verwaltung". Eventuell nehme ich noch einen tollen Firmennamen dazu, der zu 40% nach Briefkastenfirma und zu 60% nach etwas sehr Wichtigem, gewollt Unauffälligem, vielleicht etwas Geheimnisvollem klingt.

Neulich stand ich vor einem Haus in einem Stadtteil, dessen

Name im Augenblick nicht so wichtig ist. Wir hatten in dem Haus Musik gemacht und hinterher, als es schon tief nachts war und die Dönerbuden am gegenüberliegenden U-Bahnhof erst so richtig in Fahrt gekommen waren, stand ich draußen vor der Tür. Ich schaute auf die Klingelschilder und dabei hat mich eins besonders nachhaltig beeindruckt. Ehrlich gesagt bewundere ich dieses Klingelschild bis heute. Es geht mir nicht aus dem Sinn, beflügelt darüber meine krause Ideenwelt bis aufs Höchste. Denn was genau sich dahinter verbirgt, weiß ich bis heute nicht. Aber *Zollaußenstelle Marshallinseln* klingt ungefähr wie einer von den Namen, die so klingen, wie ich beschrieben habe, dass mein Firmenname klingen soll. Verstanden? *Zollaußenstelle Marshallinseln* könnte nach meiner Vorstellung ein ziemlich fuchsiger Name für irgendwelche hanseligen Kunstfuzzis sein, die es mit einer Performance, die sich ausschließlich um ein defektes Backsteinmobile dreht, geschafft haben, den Hauptstadtkulturfonds permanent anzuzapfen. Dazu vielleicht so ein Pamphlet verzapft haben, in dem es irgendwie um Dekonstruktion, Popkultur, die mit Sound und Götterspeise gefüllten Flächen einer Installation und Sushi geht.

Zollaußenstelle Marshallinseln könnte eventuell auch ein Deckname des BND sein, der in dieser Abhörzentrale jemanden abhört. Und jemanden vielleicht auch noch belauscht. Natürlich könnte jetzt der eine oder andere Depp vom Dorf den Einwand erheben, dass die *Zollaußenstelle Marshallinseln* ja wirklich das sein könnte, was es ist. Eine hochoffizielle Dependance der Marshallinseln, um den Import und Export mit Deutschland zu regeln. Aber mal ehrlich, wer glaubt denn so was? Eine Zollaußenstelle nur für die Marshallinseln? Totaler Quatsch. So was Beklopptes kann es ja gar nicht geben.

Allerdings muss ich sagen: Respekt vor dem Menschen, der auf diesen Namen gekommen ist. So einen Namen würde ich mir auch für eine Firma ausdenken. So etwas leicht Halbseidenes, was keinem fremd, aber jedem irgendwie verdächtig und nicht einzuordnen erscheint. Halbseiden wären auch die Vorhänge im Schaufenster. Würde die Sonne scheinen, zöge ich die Vorhänge zurück und jeder auf der Straße könnte in mein Büro gucken – das geht nämlich nach vorne zur Straße raus. Man würde einen braunen Pressholzschreibtisch sehen und einen grauen Blechaktenschrank. An der Wand wäre ein Kalender mit einheimischen Heilkräutern, den ich von meinem Apotheker geschenkt bekommen habe. Den Kalender natürlich, mein Apotheker verschenkt ja keine Heilkräuter, da wäre er ja schön blöd. Irgendwo neben dem grauen Blechschrank steht ein einsamer Gummibaum. Manchmal kann man mich in meinem Büro sehen und da mache ich dann was. Oft bin ich jedoch gar nicht im Geschäft, sondern habe auswärts zu tun. Dann hänge ich ein Schild in die Tür, auf dem steht „Bin gleich wieder da" oder „Büro wegen dringenden Notfalls geschlossen" oder auch „Heute ist nicht alle Tage, ich komm wieder, keine Frage". Bei dem letzten Schild wäre ein lustiger Sticker von Paulchen Panther aufgeklebt, haha.

Meistens wäre ich aber natürlich im Büro. Und würde dort arbeiten. Arbeiten. Ist eigentlich jemandem schon mal aufgefallen, dass es Arbeit gar nicht gibt? Also Arbeit als konkrete Tätigkeit. Was ist denn das – *arbeiten*? Ok, ich kann einen Weg pflastern, Brötchen backen, Bewerbungsmappen verkaufen, Autos reparieren, mit dem Fahrstuhl in die Grube fahren und Kohle abbauen, ich kann in der Schule Kinder unterrichten, kann was an die Tafel schreiben, kann Verbrecher festnehmen, kann hübschen Frauen mit dem Stethoskop die Brust abhorchen, im Kiosk Bier verkaufen, auf dem Markt rumschreien, kann Gitarre spielen, Platten rausbringen, Cocktails shaken, Diskussionen führen, Besprechungen abhalten, Präsentationen präsentieren, im Panzer fahren, im Zollbüro Berichte tippen, Pferdewetten annehmen, Abflussrohre reinigen, Pillen drehen, Schweine zerteilen, alte Menschen über die Straße bringen, anderen Leuten das Vaterunser erklären, die Beichte abnehmen, den Autopilot im Cockpit einschalten, die Passagiere begrüßen, die Dampfwalze fahren, ein Kalb zur Welt bringen, ein Bild malen, einen Elefanten besamen, Trampeltiere in der Steppe züchten, einen älteren Herren zur Massage mit nach Hause nehmen, Kredite genehmigen, Flure im Hochhaus saugen, eine Kamera im Studio durch die Gegend schieben, T-Shirts bedrucken, Pferdewurst herstellen, Touristen durch die Stadt führen, Hausarbeiten an Studenten verteilen, DVD-Recorder zusammenbauen, Airbags testen, eine Zeitung herausgeben, Finanzhaushalte fälschen, all das kann ich machen, aber das sind nur Begriffe, die man vielleicht unter dem Wort Arbeit zusammenfassen kann, aber eine konkrete Tätigkeit, die Arbeit heißt, scheint es nicht zu geben. Also arbeitet keiner, weil es keine Arbeit gibt. Interessant. In meiner Firma gäbe es mehr als genug Arbeit. Manchmal käme ein Kunde hinein, wichtiger Kunde, auf jeden Fall. Ich habe nur wichtige Kunden, die meisten sagen dem Chauffeur vor ihrem Besuch, er solle im Wagen warten, während der Leibwächter die Wagentür aufhält. Die Besuche meiner Kunden wären immer sehr offen und fröhlich, wir scherzten miteinander, lachten, wären uns bewusst, dass jede Seite gut bei dem Geschäft wegkommt.

Manche meiner Kunden wollen nicht gesehen werden, ich kann das verstehen. Deshalb herrscht auch *absolute* Diskretion und meine Kundendatei würde bei einem Einbruch nichts Brisantes hergeben, weil ich alles in meinem Kopf gespeichert hätte.

Manche Leute aus der Nachbarschaft würden meine Firma für suspekt halten. Sie würden sich mit Kissen aus den Fenstern lehnen, und genau beobachten, was ich in meinem Büro machte. Aber nie würde mir jemand etwas nachweisen können. Alles wäre toplegal. Die Leute würden natürlich tuscheln, das wäre klar. Es würde spekuliert, wo das ganze Geld herkommt. „Tuschel tuschel" würde es im Kiez machen. Manchmal käme die Polizei zu mir und würde Fragen stellen. Aber alles wäre ok und das fänden die Polizisten – in Zivil, mit

Drei-Tage-Bart, im braunen ungebügelten Trenchcoat und mit Augenringen – auch ganz ok.

Wenn ich mal einen Auswärtstermin hätte, was ungefähr zwei bis drei mal die Woche vorkäme, hätte ich noch ein Schild, was ich vor die Tür hängen würde. „Auf Geschäftsreise" würde da stehen, „Bitte morgen noch mal melden". Zu meinen Geschäftsterminen führe ich mit der schwarzen Limousine. Ich würde zu anderen Leuten fahren, die meist weit weg wohnen und irgendwas machen. Das würde natürlich viel Geld bringen. Die auswärtigen Termine würden am meisten Geld bringen. Soviel, dass ich es mir leisten könnte, den Laden jeweils fünf Wochen in der Zeit von November bis Februar und von Juli bis September zu machen zu können. Meine Arbeit wäre anstrengend, sehr sogar, der Urlaub wäre total verdient. Nach einiger Zeit würde mich der Gedanke befallen, nur noch die Auswärtstermine wahrzunehmen. Dann bräuchte ich allerdings das Ladenlokal nicht mehr. Aber ich würde weiter meine Bürozeiten haben.

Nach etwa fünf Jahren würde ich merken, dass es Zeit für eine Modernisierung ist. Oder einen Tapetenwechsel. Oder beides. Zuerst würde ich meine Lokalität wechseln – und wieder einen Zettel ins Fenster hängen:

„Liebe Kunden, ab dem 30.04. finden Sie uns in einem anderen kleinen Ladenlokal, das aber viel süßer und Feng-Shuitechnisch angenehmer zur Mehrung meines Kapitals beiträgt als das jetzige, dafür in dem netten hippen Bezirk nebenan zu finden ist und zwar in der Straße, in der sich Brad Pitt mal eine Wohnung angeguckt hat."

Zu der anstehenden Modernisierung und Veränderung würde gehören, dass eine Internetpräsenz aufgebaut wird. Klare Formen und Strukturen, vielleicht ein Intro, mit Flash programmiert, so was. Irgendwas mit Linien, die sich entfalten und dann ein tolles, etwas blasses Bild ergeben, das Ganze auf pfirsichfarbenem Hintergrund. Auf der Homepage wäre eine Kontaktadresse angegeben. Und vielleicht noch irgendwas. Mal sehen. Aber Kontakt ist wichtig.

Im Zuge der Modernisierung meiner Firma gäbe es auch keine Gardinen mehr, sondern ich würde eine schlichte Milchglasfolie mit ein paar gebrochenen durchsichtigen Linien in die Fenster ziehen. Vielleicht eine Sekretärin dazu. Müsste sich die Nägel lackieren können. Und sich total freuen, wenn ich ihr einen Urlaub spendiere.

Nach weiteren erfolgreichen zehn Jahren des Arbeitens, Tagstrukturierens und Geldanhäufens mit irgendwas würde ich das Geschäft schließen. Dann habe ich keine Lust mehr, aber genug Geld. Das würde reichen, auch als Rente und für die Pflege, wenn ich einen Schlaganfall hätte und jeden Tag von den Pflegerinnen in der Altersresidenz „Schönlust-Waldaue" in die eiserne Lunge geschoben würde. Die Möbel vom Büro würden verkauft und wären später in Designerkatalogen Vorzeigeexemplare für die Arbeitswelt dieser Zeit. Die Sekretärin, die jetzt heult, weil sie so einen sympathischen Chef verloren hat, müsste sich von mir scheiden lassen und ich hätte für sie auch eine neue Stelle in einem Filmkopierwerk besorgt. Am Ende würde ich wieder einen Zettel ins Geschäft hängen.

„Liebe Kunden. Die Firma hat zu. Ich hab keine Lust mehr und höre auf. Für weitere Fragen wenden Sie sich bitte an die Kollegen von der Zollaußenstelle Marschallinseln. Bis später, ich"

Der Anzug

„Haben Sie einen schwarzen Anzug? Sie bekommen den Job nur, wenn Sie einen schwarzen Anzug anziehen!"

Die Worte meiner Chefin ließen mich relativ kalt. „Klar habe ich einen", war meine Antwort. Und das stimmte. Zu dem Zeitpunkt hatte ich einen tollen, kompletten stilvollen und eleganten Anzug. Schwarz wie die Nacht war er und nur zu den allerbesten Gelegenheiten tragbar, zum Beispiel dem Bundespresseball oder dem Auswärtsspiel von Preußen Münster gegen Union Berlin. Jedenfalls in meinen Gedanken und beim Umzug nach Berlin hatte ich diesen Anzug noch. Ich wusste nicht genau, wo jetzt gerade, aber dass er existierte, das war klar. Lange Zeit hatte ich ihn nicht ausgegraben, aber er musste irgendwo in meiner Wohnung sein. Vielleicht war er sogar in meinem Zimmer und ich hatte es bisher nicht bemerkt. Schwarze Anzüge verhielten sich ungetragen meist sowieso sehr zurückhaltend. Hatte ich ihn nicht letztes Jahr bei der Hochzeit von Cille und Katja angehabt? Zumindest das Sakko, aber dann konnte der Rest auch nicht weit sein. Kein Problem, nema Problema.

Zwei Abende später, an einem Tag, wo es einen vor Kälte eh nicht aus dem Haus trieb, machte ich mich auf die Suche nach meinem real existierenden schwarzen Anzug. Schnell gefunden wurde er, das Sakko sah so frisch aus, als wäre es gestern gekauft worden und sitzen tat es, als hätte ich meinen Ernährungs-und-Wachstumsplan der letzten 30 Jahre darauf abgestimmt, einmal diese Jacke tragen zu dürfen. Die Weste, denn was ist ein Anzug ohne Weste, spannte ein bisschen, ich hatte wohl doch etwas zugelegt, aber die kann man ja auch weglassen, denn was ist schon ein Anzug mit Weste? Dann die Hose. Fuck. Irgendwas war passiert. Hatte die jemand mit einer Schrotflinte beschossen? War ich damit im Irakkrieg gewesen? In Höhe des Oberschenkels klafften mehrere Löcher, was war da passiert? Als hätte irgendetwas diese Löcher rein gefressen. Ich glaub, ich krieg die Motten. Falsch, die hatte ich ja schon, war mir nur nicht bewusst. Ehrlich gesagt hab ich gedacht, Mottenfraß und Motten in der Kleidung an sich wäre so ein Nachkriegsrelikt und im Zeitalter hypermoderner Waschmittel ausgestorben. Und jetzt das, eine mottenzerfressene Anzughose. Mit der sehe ich eher aus wie frisch vom Friedhof – was ich in dem Augenblick ganz sympathisch finde. Horrorpunk as fuck wäre das – ob ich damit allerdings auf dem Bundespresseball dressed to impress wäre, ist eher anzuzweifeln. Ok, wenn es schon kein kompletter schwarzer Anzug mehr war, dann machen wir halt eine Mogelpackung. Schwarzes Anzugsrestsakko hier featuring schwarze Workerhose da, keine Bundfalte, aber Stoff, also ok. Ein kritischer Blick von Martin verriet mir allerdings, dass auch die schwarze Workerhose ihre besten dandyhaften Tage hinter sich hatte und vielleicht ihrem Arbeitsnamen etwas zu viel Ehre gemacht hatte. Blieb nur das Sakko. Traurig und einsam hing es jetzt am Bügel, nachdem ich seinen von Motten vernichteten Kumpel und Lebensgefährten Hose unbarmherzig über den finsteren nasskalten Hinterhof in die faulige modrige Mülltonne verfrachtet hatte.

Kein kompletter Anzug und kein Geld, um einen neuen zu kaufen. Was war also zu tun?

Den folgenden Tag machte ich mich auf die Jagd nach dem verlorenen schwarzen Anzug. Fuhr mit der Bahn durch die halbe Stadt, begutachtete einen muffigen Secondhand-Shop nach dem andern, ließ meinen Blick über die Reihen günstiger schwarzer Anzüge schweifen, die sich mir lasziv entgegenräkelten und mir zu zuflüstern schienen:

„Hey Gary, ich bin's. DEIN ANZUG. Ich weiß, du hast die ganze Zeit nach mir gesucht. Hier bin ich. Ich koste nicht viel. Ich bin billig. Nimm mich mit. Lass mich dein sexy Gewand auf dem sexy Bundespresseball sein. Lass mich der Grund sein, dass einflussreiche, attraktive, sexuell frustrierte Pressefrauen dich auf

die Toilette im Hotel Interconti zerren, um mit dir wilden Sex zu haben."

Das schienen alle diese Anzüge zu flüstern und sogar die langweilig schauenden Secondhand-Ladenverkäufer schauten verstört rüber, wenn sie aus der Anzugecke ein geheimnisvolles Raunen hörten. Der Tag ging vorüber und ich hatte immer noch keinen Anzug. Stattdessen hatte ich zwei neue Platten von Green Apple Quick Step und Tina Turner, zwei neue Comics von Max Anderson sowie ein kostenloses Probeabo der Berliner Zeitung. Keinen Anzug.

All die Anzüge in den hippen, bunten Secondhand-Shops hatten etwas gemeinsam mit den Frauen, die ich bisher in meinem Leben hatte: Sie passten einfach nicht. Alle Anzüge sahen erst einmal toll aus (wie die Frauen). Auf den ersten Blick war nichts wirklich Schäbiges dabei (wie bei den Frauen). Dann die Sakkoprobe. Die meisten waren so geschnitten, dass mir die Ärmel, bei ausgestrecktem Arm nur noch knapp über den Ellenbogen reichten oder im Kreuz zwackten und unter den Achseln schnitten. Einige wenige schmiegten sich jedoch an meinen Oberkörper (wie die Frauen), als hätte ich nie was anders getragen. Fehlte noch die dazugehörige Hose. Die jedes Mal das Desaster komplett machte. Ok, ich bin nicht wirklich dünn, aber warum verkaufen die in diesen Secondhand-Shops nur Anzüge für Magersüchtige? Kann das angehen? Waren die Menschen früher so viel dünner, dass sie nur Hosen brauchten, bei denen ich heute nicht mal EINEN Knopf zukriege? Müsste ich letzten Endes doch fettes Geld bei für einen fabrikneuen Anzug ausgeben?

Auf dem Nachhauseweg trölte mir der scharfe Novemberwind von vorn ins Gesicht. Ein schmutzig grauer Hund köttelte auf den blätterbeschmierten Gehweg, während seine attraktive Besitzerin zehn Pfund Fleisch ohne Knochen ins Taschentuch schnäuzte. Die Welt war trist, trister noch als sonst im November üblich. Kein Anzug, kein Job, das war der Deal. Noch zwei Wochen bis zum Ball. So viel Geschiss um Klamotten gemacht hatte ich nicht mal bei meiner Konfirmation (da hatten mich meine Eltern als Einzigen in eine Lederjacke gesteckt) oder beim Abschlussball der Tanzschule (da hatte ich mich nur betrunken), also warum jetzt? Grob überschlagen hatte ich vielleicht ein Hundertstel aller Zweite-Hand-Geschäfte der Stadt abgeklappert. Blieb noch genug Zeit für den Rest? Was war mit Freunden, Verwandten, an die ich mich in meiner schier auswegslosen Situation wenden konnte? Sollte ich Johannes Heesters anrufen? Thommi Ohrner? Frank Zander? Sneaky Pete? Meine Schwester? Das tapfere Schneiderlein? Den Bundesnachrichtendienst? Wo war der nächste Kostümverleih? Wo war die Auskunft, die die Adresse kannte? Wo war die eine, die Bescheid wusste?

Zuhause angekommen sah alles nicht ganz so finster aus. Bill Spivery empfing mich mit warmen Timbre in der Stimme und rief mir fröhlich kreiselnd aus der Küche ein optimistisches „God is my Business Manager" zu.

Bill war vor ein paar Tagen in unserer kleinen promisken Gemeinschaft aufgetaucht. Es hatte sehr früh an der Tür geläutet und als ich missmutig mit einer ausgebeulten Satinhose die Tür öffnete, stand er da, in seinem braun-gelb-ziegelrot gemusterten Anzug mit der weiten Schlaghose und den Lederflicken an den Ärmeln. Er tänzelte an mir vorbei ins Wohnzimmer und summte dabei einen flitzigen Discosong vor sich hin, ab und an unterbrochen von einem kieksigen AH! oder ein bluesiges YEAH! Im Wohnzimmer tanzte er weiter, drehte sich wie John Travolta in seinen besten Filmen, nicht ohne seinen Gesang fortzusetzen. Das war alles, was wir von Bill Spivery erfahren sollten. Er bewegte sich geschmeidig durch unsere Räumlichkeiten, immerzu tanzend, schüttelte seine beeindruckende Afrofrisur, rasselte mit Goldkettchen an Arm und Hals, schwang Hüften und Beine ohne jede Kraftanstrengung (und ohne über die plateaubesohlten Krokodilslederstiefeletten zu stolpern), kiekste, summte und ließ jeden von uns, der ihn wie einen Außerirdischen ansah, sein blendend weißes 32-Zahnlächeln sehen, hergestellt aus 24karätigem reinem Optimismus, in siedend heißer Fröhlichkeit geschlagen. Bill ging keinem auf die Nerven, er war einfach da. Man gewöhnte sich an das Getanze, an das latente Summen, an die entspannte Fröhlichkeit, die verbreitet wurde. Wenn er auch kein Wort sagte, so half er doch tatkräftig im Haushalt mit, sang leiser, wenn jemand im gleichen Raum telefonierte oder verzog sich ins Bad, wo ihm anscheinend die voluminöse Akustik so gut gefiel, dass er vom Summen in ein kräftig-gospelhaft ausgestoßenes „God is my Business Manager" überging, eine Phrase, die er lächelnd und überaus höflich immer von sich gab, wenn sich jemand von uns die Mühe machte, ihn zu fragen, was er so vorhatte. Das war alles.

An dem Tag, als meine Suche nach dem schwarzen Anzug mich in eine tief-herbstliche Depression zu ziehen drohte, öffnete Bill mir die Tür, wie gewohnt in Bewegung wie ein tausendjähriger Godfather of Discobeat und lachte mich an. Als er die Tränen in meinen Augen sah, die der scharfe Wind dort herausgequält hatte, legte er den Arm um meine Schulter und ließ mit einem mächtigen Bariton ein noch mächtigeres „GOD IS MY BUSINESS MANAGER" als sonst durch unsere Wohnung schallen, auf dass alle Depressionen auf der Stelle unter dem Türspalt durch auf die Straße fuhren wie dereinst ein anderes Volk beim Auszug aus einem fernen Land, dessen Name mir jetzt nicht einfällt. Alles würde gut werden, wusste ich nun, während ich mir einen Rum mit heißem Tee einschenkte. Irgendwo her würde ein schwarzer Anzug kommen und ich hätte einen guten Drei-Tage-Job sicher. Und wenn am nächsten Morgen einer aus der Gepäcklade eines über Berlin donnernden Urlaubsjets, vom Himmel fallen würde, es wäre egal. Optimismus, wenn auch ziemlich grundloser, ist immer noch eine sehr gute Droge. Tatsächlich flogen in den nächsten Tagen wie gewöhnlich einige Urlaubsjets über den Himmel von Berlin, aber keinem Einzigen fiel ein schwarzer Anzug aus der Gepäcklade. Vielmehr rief drei Tage später meine herzallerliebste Schwester aus dem tiefsten Westfalen an und als ich ihr mein Leid klagte, fiel ihr doch ein, dass mein Schwager definitiv einen schwarzen Anzug in meiner Größe besitzt. Besitzen könnte. Sie war sich nicht ganz sicher, versprach aber nachzuschauen, tja und deshalb hat es mich dann doch ein Wochenende drauf zum höchsten gesellschaftlichen Ereignis verschlagen, was Deutschland zu bieten hat …

Würde man die wirtschaftliche Lage an den Verhältnissen des Bundespresseballs messen, könnte man sagen: WOW! Tolles Land. Denen geht's ja richtig gut. In einem Land, wo solche Feste gefeiert werden können, haben die ärmsten der Armen sicher goldene Kloschüsseln, spülen darin ihre nach Rosen duftenden Fäkalien mit Milch und Honig in eine strahlend weiße Kanalisation und essen ihre Lachsschnittchen von Porzellantellerchen, während sie in ihrer feudalen 700-qm-Wohnung die fabelhafte Aussicht genießen. Das muss ein tolles Land sein, wo man solche Feste feiert, auf denen in der Tombola als Preis die Zahlung deiner Stromrechnung für die nächsten 15 Jahre durch einen gigantomanischen Stromkonzern winkt.

*

Wenn die Menschheit längst zu Staub zerfallen ist und man von uns nur noch vage Andeutungen in Form von Kritzeleien und klebrigen Kaugummis in alten U-Bahnschächten kennen wird, dann werden sich vielleicht die Erinnerungen an die Bundespressebälle der Bundesrepublik Deutschland als eigenständige Gestalten materialisieren können.

Sie werden in einer trostlosen Ödnis auf einem felsigen Hochplateau zusammenfinden und sich am Lagerfeuer leise wispernd und züngelnd einander austauschen. Wenn eine für Menschen tödliche Gasatmosphäre mit einem Wüstenwind die bläulich-lila Flamme anfacht, werden sie die Pfeife rumgehen lassen und sich die alten Geschichten zuraunen, von einem reichen Volk, das einmal im Jahr in einem festlich geschmückten Saal eines nicht wirklich heruntergekommenen

Hotels die Sau raus gelassen hat. Sie werden Bilder über dem Feuer ihres Treffens erscheinen lassen im silbrig-diesigen Abendhimmel, lebendiger und farbenfroher als ein menschliches Hologramm es je sein könnte. Bilder von tanzenden Pärchen in Frack und Abendkleid. Von Frauen, die lasziv ihr Cocktailglas schwenken, von Kameramännern, die wie einsame Jäger das mannshohe Menschenmeer nach Prominenten durchstreifen und sie werden von jungen orientierungslosen Menschen erzählen, die sich als Kabelhilfen verdingen. Die nach getaner Arbeit das Büffet stürmen. Sich am Freibier laben. Alle angebotenen exotischen Cocktails systematisch nach Stichworten in ihren hedonistischen Erfahrungsschatz einordnen. Die den obersten Knopf vom weißen Hemd lockern, weil niemand mehr drauf achtet. Die spät nachts am Tresen mit irgendeinem angetrunkenen Vorsitzenden einer aufstrebenden Internetfirma über die Aussichten von Hertha BSC und dem VFL Bochum in der laufenden Bundesligasaison diskutieren. Die besinnungslos zu Stadtranddisconummern abhotten. Und dann, wenn die Erinnerungen fast am Ende angekommen sind und die Hologramme anfangen, ihre Form, Farbe und Intensität allmählich zu verlieren, wird sich eine neue Gruppe von materialisierten Erinnerungen dazugesellen. Es sind diesmal die räudigen, die schmerzhaften, die fies lachenden Erinnerungen vom nächsten Tag, vom Tag nach der Party. Der Wind über dem Zusammentreffen unserer illustren Runde wird dann stärker werden und die alten glorreichen Partyerinnerungen werden sich mürrisch erheben, werden sich nach und nach verabschieden, weil's kalt am Rücken wird, man eigentlich nichts mit diesen pöbeligen Jungspunden zu tun haben will. Und man keine Blasenentzündung mehr riskieren will, in dem Alter. Wer weiß schließlich, ob man nächstes Jahr noch da ist. Und so manche Erinnerung ist erstaunt, wer denn da als Erster geht; bemerkt fasziniert, wie schnell die Konturen der anderen Anwesenden verblassen, je länger man zusammensitzt, doch spätestens, wenn das blaue

Lagerfeuer runter gebrannt ist, werden sie in alle Winde zerstreut sein, wehmütig heulend ihre Sprachwerkzeuge schnarren und knirschen lassen und hoffen, dass sie nächstes Jahr wieder so zusammenkommen können. Pfft, pfft.

Every party has an end, every mountain washes to sand, every boy will be a man, someday.

Wilma Milosevic

Komische Frau, denkt Pablo und wischt sich die letzten Tropfen Kaffee aus dem Bart. Kommt fünf Minuten vor Anpfiff des Eröffnungsspiels hier an und verlangt ein Zimmer. Musste wegen ihr den Ton beim Fernseher runterdrehen. So schnell, wie sie gekommen war, war sie auch wieder verschwunden. Vorname? Wilma. Nachname? Milosevic. Milosevic so richtig geschrieben? Ja. Staatsbürgerschaft? Brasilianisch. Pablo hielt Milosevic nicht gerade für einen typisch brasilianischen Namen, aber er fragte nicht. Nicht, wenn eine junge Frau das Zimmer für vier Wochen hastig im Voraus zahlte und auch das inkludierte Frühstück ausdrücklich ablehnte. Weniger Arbeit ist immer gut, denkt Pablo. Keine Fragen an Wilma Milosevic. Vielmehr fragt sich Pablo, warum alle Hotels in der Stadt seit Monaten ausgebucht waren und nur bei ihm als einziges diese Frau zu Gast ist. Die Frau, die fünf Minuten vor Anpfiff reingestürmt kam, das Zimmer buchte und das Hotel sofort wieder verließ. Pablo ahnt irgendwie, dass er die junge Frau mit der zerfurchten Stirn und dem abwesenden Blick nie wieder sehen würde. Keine Papiere, stattdessen dieser Brief, den sie in aller Eile auf den Tisch geknallt hatte. „Der erklärt alles“, hatte sie gesagt – ohne den Hauch eines Akzents. Das Spiel läuft seit zehn Minuten, Pablo erkannt das aus den Augenwinkeln. Er wendet den Brief hin und her und inspiziert ihn sorgfältig. Kein Absender. Stinknormaler weißer Umschlag. Kein Stempel, keine Marke, kein Adressat. Den Umschlag mit einem Hieb aufgerissen, zieht er das gelbe Papier heraus. Liest den handgeschriebenen Brief. Zerknüllt das Papier, schmeißt es in die Ecke, hebt den Brief wieder auf. Liest ihn noch mal und noch mal und noch mal.

Lieber Pablo,

nichts ist mehr da. Eine breiige Dunkelheit umschließt alles, schlickig, ölig wird alles eingehüllt, alles klebt, blubbert, fließt zäh wie Teer aus einem gestrandeten Öltanker. Ab und zu steigt eine Blase hervor, die letzte Luft, die aus dem Kadaver eines Abtrünnigen weicht, dem die Mafiakollegen ein großzügig angelegtes Bett aus Beton im Wattenmeer spendiert haben. Nichts bleibt wie zuvor, nichts, an das man sich klammern könnte, das Orientierung geben könnte. In Zeiten, in denen große Pläne nicht neu geschmiedet werden, sondern auf vergilbten Zetteln beim Hausputz wieder gefunden werden, was eignet sich besser an dieser Stelle als Strohhalm für den Klammerblues als eine kleine Geschichte über eine kleine Frau, deren Initialen das Wichtigste sind?

Natürlich klebt noch der Dreck an einem, wenn man sich selbst aus dem Dreck zieht, denn man kommt ja nicht direkt vom Sumpf in die Dusche. Bis dahin ist es ein weiter Weg, aber gern denkt die kleine Frau daran, wie das alles möglich war. Sie denkt, die Entscheidung über ihre Auswahl wurde in diversen Ausschüssen getroffen, in informellen Treffen der Fußballmächtigen, vielleicht in der VIP-Lounge eines südamerikanischen Fußballkessels zusammengekocht oder bei einem Meeting alternder Ex-Weltmeister beschlossen.

Alles falsch. Es liegt am Aszendenten. Am Haus, welches am Tag der Geburt aufgeht. Wir sind meistens im Zeichen Zwillinge, Krebs, Löwe oder Jungfrau anzutreffen. Seltener als Steinbock, Schütze oder Waage. Eigentlich fallen wir nur in einen kleinen Zeitpunkt des Tierkreises, sind meist mehr Luft als Wasser und oft genug Feuer sowie zu einem kleinen Teil Erde.

Du weißt, dass der Augenblick, in dem der erste Quadratzentimeter Hightech-Lederschuh eine Begegnung mit dem ersten Quadratzentimeter FIFA-optimierten High-Tech-Labor-Fußball-Ochsenblase hat, von Mythen umrankt ist wie das Haus meiner Großmutter mit Efeu. Dies ist der so wichtige Augenblick der Geburt deiner kleinen Freundin. Vielleicht ahnst du es nicht, Pablo, aber du wirst sie ihr ganzes Leben lang begleiten. Sonnenzeichen im Zwilling, Aszendent in der Waage, Mond im Stier und Bier im Mundwinkel, alles hängt von diesem Augenblick ab.

Und was jetzt, Pablo? Geh in die nächste Bücherei, zu deiner Kiezbibliothek, renn dem Bücherbus hinterher und besorg dir eins von diesen Standardwerken über Astrologie. Oder geh zu deinem favorite Restseller. Das könnte ich sein. Ich habe solch ein Buch. Ich habe den Einband selbst gegerbt. Bin zu den Sternen geflogen und habe von Mars, Venus, Jupiter und Mond die Haut abgezogen, habe sie 30 Jahre lang getrocknet und geglättet. Eingelegt in Kyrillsäure und Methodsalz. 30 Jahre lang. Eine Ewigkeit. Aber was ist eine Ewigkeit gegen einen Einband aus gegerbter Sternenhaut? Eigentlich habe ich viele dieser überaus wichtigen Sternzeichenbücher: Die 12 Sternzeichen und die Liebe, 12 Sternzeichen und der Superpapagei, die 12 Sternzeichen im Zusammenhang mit einer prometeus'schen Bewusstseinsveränderung, Macht's gut und danke für die Sternzeichen oder Heimito Döbelschanz' Führer durch die Welt der Sternzeichen und Bolzplätze.

Also nimm das Buch und überspring die ersten Seiten, die Einleitung ist immer unwichtig. Du weißt, wie wichtig Astrologie in diesen windigen Zeiten ist und ich weiß es auch, da muss man keine Einleitung lesen. Geh direkt zum Zwillingskapitel. Die Eigenschaften sind klar. Flink ist sie, wobei wir feststellen, dass es eine Sie ist, geboren am 9. Juni. Unter großem Jubel und Geschrei geboren, mit viel Licht und Lärm auf die Welt gepresst, es muss ein Trauma nach sich ziehen, diese Welt zu erblicken in einem gleißenden Rund, umgeben von 40.000 schreienden pappbecherhaltenden Menschen. Eine hübsche Zwillingsbraut ist sie außerdem, unsere kleine Freundin, wortgewandt, flink, anpassungsfähig, ein wenig oberflächlich, schnell gelangweilt, denn ihr Verstand verläuft merkwürdig ungeradlinig. Aber ist es nicht egal, wie oberflächlich unsere kleine Freundin erscheint? Es ist egal, denn ihre Lebenszeit ist voraussehbar, am 9. Juli tritt der Tod ins Stadion, und wird sie dort finden, egal, in welcher Kurve sie sich versteckt und es wird ein freudiger Tod sein, wie sie ihn in Mexiko kennen. Der Dia de los mortes wird ein Freudentag sein, mach schon mal das Fass auf, Pablo. Ein letzter Kick, ebenso großartig wie der erste, die letzte Party vor dem Untergang; nach uns die Sinnflut und Jahresrückblicke und die Fragen in den Wissensquizsendungen. Wer nur vier Wochen lebt, ist viel länger tot und dem kann man eine gewisse Oberflächlichkeit nachsehen. Jeder weise Fußballexperte wird es schon im Kreise seiner Freunde längst erkannt haben: Die biologische Uhr der kleinen Freundin tickt. Und tickt und tickt. Und tickt anders. Eine Woche in ihrem Leben sind 20 Menschenjahre. Nach der ersten hat sie die Wirren der Pubertät geschafft, die Freuden der Liebe erahnt, doch nie gekostet, Gedanken an den ersten festen Freund ins Tagebuch von Waldemar Hartmann auf Videotextseite 223 geschrieben, den Führerschein gemacht, die wilde Rebellenseite ausgelebt, bunte Haare getragen, laut Musik gehört, eine Hose angehabt, die nicht zu ihr passte, und war das erste Mal so richtig betrunken.

In der zweiten Woche werden neue Ziele erreicht, eine Übergangsphase ins richtige Leben. Neue Pläne werden geschmiedet, die Eltern verlassen, vielleicht ein Umzug in eine neue Stadt, neue Menschen lernt man kennen, alte Freunde verlieren sich aus den Augen, eventuell macht sich eine gewisse Sesshaftigkeit breit, materielles Glück bahnt sich an, doch immer noch eine gewisse Einsamkeit, aber das Leben, lieber Pablo, das Leben geht weiter und bleibt so unbeschwert wie eine verabredete Schlägerei zwischen deutschen und polnischen Hooligans im Stadtforst von Cottbus. Was sich im dritten Lebensabschnitt konsequent fortsetzt, erste Falten zeigen sich, man merkt, dass man nicht mehr so jung ist, wie es scheint, Routinen und Marotten schleichen sich ein, es mehren sich die traurigen Abschiede, erste Bilanzen werden gezogen, die Tage werden kürzer, die Nächte bleiben heiß und trocken.

Die letzte Phase, die entscheidende, es knirscht an allen Enden, es knackt in jeder Ecke; Erschöpfung überall, Nebel zieht auf, erste Vorboten des Endes lösen ihr Ticket und nehmen unauffällig in der VIP-Lounge Platz. Doch ein letztes Mal wird sich zusammengerissen, die letzte Kraft gesammelt für das große Finale, für den alleralleralleralleralllerletzen Kraftakt, denn danach wird alles schwarz. Aus.

Vier Wochen. Lebenszeittechnisch liegt unsere kleine Freundin damit ziemlich genau in der Mitte zwischen Palingenia longicauda und einer Schildkröte von einem weit entfernten Südsee-Archipel. Würde man die beiden kreuzen, käme eine junge, etwas abwesende Dame mit zerfurchter Stirn heraus. Allerdings hat unsere kleine Freundin etwas, was diese Wesen nicht haben: Geld! So viel verdammtes Scheißgeld hat sie, dass sie es im Leben nicht ausgeben kann. So viel Geld, um alle Wirtshäuser leer zu saufen, um alle Expertengremien und TV-Anstalten auf Jahre hinweg zu bestechen, genug Geld, um die ganze Heimat der Schildkröte zu kaufen, deren Alter sie nie erreichen wird.

Aber wir alle wissen, Geld allein macht nicht glücklich. Was fehlt, ist Liebe. Unsere kleine Freundin, von der wir hier so vertraut reden, hat nie das Glück der Liebe erfahren. Wie auch? Allein groß geworden unter Männern. Männer, die Fußball spielen, Männer, die Männer trainieren, die Fußball spielen, Männer, die Turniere organisieren, für die Männer Männer trainieren, die Fußball spielen. Kein Platz für die Liebe.

Und so schleicht unsere kleine Freundin nachts ziellos durch die Stadt, von einer Bar zur anderen, bleibt an einem schmierigen Tresen hängen, schaut verstohlen nach dem jungen Kerl, der auf der Bühne eine Karaokeversion eines Manfred-Krug-Songs zum Besten gibt. Nimmt die bunte Trainingsjacke, verlässt die Bar, stürmt hinaus in die warme Sommernacht, um die Einsamkeit zu vergessen. 1000 Väter und keine Mutter, eine traumatische Erfahrung für unsere kleine Freundin. Und so geht sie schließlich dahin, wenn die letzten Minuten des Finales laufen: Stolz, lebensfroh, freudetrunken taumelt sie in den Untergang, von allen bejubelt und doch von wenigen verstanden, die Gefühle von Nähe und Liebe tief in sich vergraben, wie einen Schatz, von dem sie weiß, dass ihn nie jemanden finden wird. Dann der Pfiff, der letzte, der Erlösende, das Dröhnen, ein Pfeifen, Millionen von blitzenden Fotoapparaten, die ein leises Surren verursachen.

Eine Welle des Jubels im Stadion, ein Rauschen in den Ohren, es macht ihr plötzlich Spaß, allein zu sein, allein unter Millionen von Fans auf der ganzen Welt, die ihr eine Welle entgegenbringen, eine La Ola des Untergangs, der Tsunami der Euphorie begräbt sie im Stadion. Abpfiff, Erlösung, Tod, ab in die Kabine.

Todo ira bien, Pablo. Besitos.

Deine W.M.

Revolver

Ich hätte gern ein Revolvergebiss,
so wie die Haie eins haben.
Spitze scharfe Zähne,
die einfach nachwachsen,
wenn die erste Reihe mal ausfällt.
Dann hätte ich immer was zu knabbern,
mein Leben lang.

Ich hätte aber auch gern
einen ganzen Batzen
Revolvergeld,
das auf meinem Revolvergirokonto liegt.
Auch davon eine ganze Reihe,
von der Art, das einfach nachwächst,
wenn die erste Lage weg ist.
So wie die Kredithaie welches haben.

Viel lieber hätte ich aber noch
ein ganzes Maul voll
Revolveroptimismus.
Ganze Reihen und Lager und Garden und Schichten hätte ich davon gern,
die einfach nachrücken,
wenn die erste Optimismusfuhre der Woche
schon am Montagmorgen wieder leer ist.
Unmerklich, aber wohltuend,
einfach nachwachsen.

Viel lieber als das,
quasi am allerliebsten,
hätte ich gern
einen Patronengurt,
voller explosiver, thermisch verwertbarer,
rückstoßfreier, schallgedämpfter
Revolvergeduld.
Am besten zwei Gurte davon,
die sich über meiner rotfleckigen Brust kreuzen,
und sich einfach von selbst erneuern,
wenn meine Alltags-Gleichmuts-Verständnis-Kalashnikow
mal wieder die letzte Kugel verschossen hat.

Ich habe aber eigentlich nur
ein Fahrrad mit Planetenschaltung.
Doch andere Planeten habe ich damit noch nie gesehen.

Rolle im Park

Ich saß vor den Stufen des einzigen Cafés im Park. Über die Rasenhügel auf der anderen Seite schien die Sonne, eine dicke Wolke hing an ihr dran, hatte sie aber noch nicht erwischt. Ich gab der Sonne noch zehn Minuten und zog mein Buch aus der Tasche. In der Mitte der Riesenwolke klaffte ein Schlitz, der wie eine riesige Möse aussah. Später würde die Sonne, wenn sie Glück hatte, noch einmal da durchscheinen dürfen, bevor sie unterging. Dann wäre ich aber schon lange weg. Wenn das Licht durch eine rosige, wolkige Futt strahlen würde, wäre ich nicht mehr hier.

Ich lehnte mich an die Mauer und zog mein Buch aus der Tasche. Im Park war viel los, Menschenmassen schwirrten um mich herum, Kinder mit bunten Plastikbällen, Hunde, die sich fröhlich an den Genitalien nach der Stimmung des Gegenübers erkundeten. Die obligatorischen Frühgriller hatten leichte Geschütze aufgefahren, der Geruch von gebratenen Würstchen und krossem Bauchspeck erfüllte die Luft. Gerade zog ein isländisches Pärchen mit Kinderwagen vorbei. Neben mir saß eine junge Frau im blauen Wintermantel, in ein gelbes Reclamheftchen vertieft.

Kaum hatte ich mein Buch aufgeschlagen, stand eine junge Frau lächelnd vor mir. Die Kellnerin des Hauses.

„Hallo, willst du was trinken?"

Ich dachte an die beiden Münzen in meinem Portemonnaie. Ein Euro und 50 Cent. Das Budget, das für die nächsten zwei Tage reichen musste, und lächelte zurück.

„Nein, danke."

Die Bedienung lächelte ebenso wie ich, allerdings ihr schönstes, verständnisvolles Mittags-Café-Bedienungslächeln und verschwand an den nächsten Tisch. Ich hörte, wie jemand hinter mir eine Cranberryschorle bestellte. Möglichweise werde ich alt. Es schoss mir durch den Kopf, dass Cranberryschorle eigentlich nur neumodische überbewertete Scheiße ist. Allein der Name erinnert mich an etwas, das jetzt zwei Jahre hip sein wird und dann alle kacke finden. Cranberrys schmecken mir nicht. Die Schorle ebenso wenig. Einmal habe ich mir im Supermarkt Müsliriegel mit Cranberrys gekauft – selbst die schmeckten Scheiße. Irgendwie erinnerte mich diese künstliche Süße an Red Bull und andere Aufputschbrausen, die mich schnell zum Kotzen bringen. Vielleicht sind Cranberrys genau für die Leute auf den Markt gebracht worden, die sich früher immer Red Bull in Literflaschen reingepfiffen haben, um auf der Loveparade länger durchzuhalten. Oder so. Technogestalten trinken Red Bull, das ist so mein Klischee zu diesem, nennen wir es mal Getränk und wer für Technopartys zu alt ist, mümmelt an seiner Cranberryschorle rum.

Fast kann ich mir vorstellen, was das für Typen sind, die sich am Ostersamstagnachmittag eine Cranberryschorle im Café im Park bestellen. Natürlich sind das Vorurteile, aber jeder von uns, die wir hier über diesen Planeten wieseln, hat Vorurteile. Meine, gegenüber irgendwelchen Leuten, die diese Stadt so crazy und so unglaublich günstig finden, um dann nach zwei Jahren wieder abzuhauen und nur eine Landschaft voller unbezahlbarer Wohnungen zu hinterlassen, gehören wohl zu den harmloseren. Ich habe ein deutliches Bild von typischen Cranberryschorletrinkern vor Augen, drehe mich aber nicht um, weil das zu anstrengend ist. Das Wort Ökofaschos setzt sich in meinem vorderen Hirnlappen zusammen, verpufft aber bald wieder ohne nennenswerte Nachwirkungen.

Ein leinenloser Pitbull rennt am Horizont den Wiesenhügel hinauf und versucht eine Krähe zu fangen. Der Vogel macht ein paar gelangweilte Flügelschläge und lässt sich keckernd auf einem Baum nieder.

Wieder vertiefe ich meinen Blick in mein Buch. Ich habe das Buch nicht gekauft. Jemand hat es mir geschickt, ich soll es lesen, und hinterher darüber schreiben, was ich davon halte. Meine Meinung zu dem Buch wird dann in einer

Zeitschrift gedruckt. So was nennt man Kritik oder Rezension und manchmal gibt es Geld dafür. In diesem Fall ist es nur gut für mein Ego, bringt aber kein Geld. Andererseits habe ich auch kein Geld, um mir Bücher zu kaufen. Deshalb sind Bücher, die ich zugeschickt bekomme, lesen muss und hinterher aufschreiben soll, was mir daran gefällt, gar nicht so schlecht. Es gibt beschissenere Möglichkeiten, kein Geld zu verdienen.

Als die Sonne halb hinter der Wolke mit der Möse verschwunden ist, sehe ich zwei Beine in einer Röhrenjeans hinter meinem Buch. Es ist wieder die Kellnerin. „Hallo, willst du vielleicht jetzt was trinken?"

Wieder denke ich an meine beiden treuen Freunde im Portemonnaie – One Euro und Fifty Cent. Wir sind ein Team, uns kann nichts auseinanderbringen, jedenfalls niemand, der straßenräubermäßig Beerenmixgetränke und eventuell sogar Kaffee zu überteuerten Preisen verkauft. Ich werde euch nicht so schnell herausgeben. One Euro, Fifty Cent und ich sind für die nächsten zwei Tage so was wie die Stooges, alle drei zusammen etwas lächerlich, aber untrennbar. Die Stooges haben ja auch nicht für einen Kaffee die Seiten gewechselt.

Wieder lächle ich sie an. „Ähm, nein, danke."

„Wenn du nichts bestellen willst, musst du dich woanders hinsetzen." Der Tonfall nimmt eine Färbung an, die mir nicht gefällt.

„Ach ja, und wohin?"

„Die Stufen gehören zum Café, und wer hier sitzt, muss was bestellen."

Ich schaue sie an und denke kurz nach. Im ersten Augenblick wünsche ich ihr eine entstellende Pestilenz für ihr hübsches Gesicht. Meine nächsten Gedanken hängen dann an One Euro und Fifty Cent, die in einer dunklen Ecke meines Geldbeutels sitzen und aufmerksam verfolgen, was ich jetzt machen werde.

„Und wenn ich mich hierhin setze?", frage ich und rutsche eine Stufe tiefer. Das Mädchen schaut mich verwirrt an, eine gewisse Entnervtheit spielt über ihren Augenbrauen mit in die Mimik hinein.

„Oder hier hin?" Ich rutsche noch eine Stufe tiefer. Es ist die Letzte, bevor der ungepflasterte Untergrund des Parks beginnt. Jetzt sitze ich fast auf dem staubigen Boden, die letzte Stufe ist nur zehn Zentimeter hoch.

Meine Stimme wird lauter. „Und was ist, wenn ich mich hier vor und nicht auf eure süßen Stufen von eurem süßen Café setze? Wenn ich mich hier in den Staub knie, der ja der Allgemeinheit gehört, quasi eine Kreuzberger Allmende ist, von jedem nutzbar und von jedem auch be-nutzbar und wenn ich mir mit diesem allgemeinen Schmutz mir meine gar nicht so billigen Klamotten einsaue und nur in Ruhe mein Buch lesen will, und kein Getränk zu mir nehmen will? Was ist dann? Muss ich dann auch euren überteuerten Cranberry-Blubber-Mist zwangsbestellen und mindestverzehren?"

Kaum habe ich es gesagt, rutsche ich auf den Boden. Jetzt lehne ich mit dem Rücken an der letzten Stufe, breite behaglich darauf meine Arme aus und schaue von unten zur Bedienung hinauf, der die Situation mittlerweile etwas unbehaglich ist. Meine Beine liegen so, dass sie direkt zwischen meinen Unterschenkeln steht. Mit meinem linken Stiefelabsatz male ich gleichmäßige kleine Kreise in den Staub.

Die anderen Gäste lassen für einen Augenblick von ihrem Kaffee, ihrem Kakao oder Cranberrysaft ab, und mustern mich jetzt eindringlicher. Der Lärmpegel hat deutlich abgenommen, es liegt eine undefinierbare Stille in der Luft, die nur vom belustigten Keckern der Krähe auf dem Baum unterbrochen wird. Manche der Safttrinker schieben ihre riesigen Sonnenbrillen in die Stirn und ziehen verstört an ihren Strohhalmen.

„Und was ist eigentlich, wenn ich …", wieder schaue ich meine Gegenspielerin an. Die Sonne steht jetzt in ihrem Rücken, ihr Gesicht ist kaum mehr erkennbar, eigentlich nur ein schwarzer Scherenschnitt, Bestellblock und Stift wackeln unruhig in ihrer Hand. Ich vollende meine Frage mit fester Stimme. „… wenn ich mich hier hinlege? Vor euer hübsches, dreckfreies Etablissement? Muss ich dann immer noch was trinken?“

In Zeitlupe rutsche ich tiefer, strecke mich auf dem Boden aus und liege wenige Sekunden später der Länge nach im Dreck. Viel Staub wird mittlerweile aufgewirbelt und legt sich sanft auf meiner schwitzenden Stirn nieder. Die Kellnerin sagt jetzt nichts mehr. Sie würde gern weggehen, aber das kann sie nicht. Denn ich habe mich nämlich während meiner Abwärtsbewegung galant wie eine Katze parallel zu den Stufen gedreht, so dass ich jetzt mit meinem Rücken auf ihren Füßen liege. Sie kann kam die Zehen bewegen, weil mein massiger Körper auf ihnen ruht. Ich spüre, wie sich ihre Fußspitzen hektisch hin und her bewegen wollen, versuche dieses Kitzeln aber zu ignorieren, nehme mein Buch in die Hände, halte es über meinen Kopf und fange an zu lesen. Allerdings finde ich nicht die richtige Ruhe. Es könnte auch daran liegen, dass die Kellnerin mich unterbricht.

„Ok, das reicht. Du hast deine Show gehabt, jetzt ist Schluss. Können wir mit dem Scheiß jetzt aufhören? Ich hol sonst die Bullen.“ Wut bricht sich in ihrer Stimme.

Mit einem Ruck, den man in der Geschwindigkeit wohl nicht von einem Menschen meiner Statur erwartet, rolle ich mich kraftvoll und wortlos in ihre Richtung. Sie verliert das Gleichgewicht und fällt der Länge nach in den gleichen Dreck, den ich auch schon seit geraumer Zeit zwangskonsumiere, ohne etwas dafür bezahlen zu müssen.

Ein wütendes „Sag mal spinnst du?“ ist noch zu hören, während ich langsam eine Drehung nach der anderen mit meinem Körper vollende und die junge Frau, auf der ich gerade bäuchlings liege, einfach überrolle. Weitere Protestfloskeln werden gemeckert, doch das kümmert mich nicht. Ich denke an die Hindus, die jedes Jahr in meiner Heimatstadt ein Fest feiern und dabei beachtliche Strecken rollend zurücklegen.

Mittlerweile spüre ich ihren Bauch auf meinen Rippen und kurz darauf merke ich, wie sich ihre Nase in meine Seite bohrt, während irgendwo unter mir nur noch dumpfes vokalfreies Gezeter zu hören ist. Dann ist es geschafft. Rollend passiert mein Bauch ihren Kopf und wir sind voneinander getrennt. In hellen Staub eingehüllt wie eine antike Statue springt die junge Kaffeehausangestellte auf. Sie schreit, brüllt und flucht wie vorhin. Sie sagt Dinge, die ich nicht verstehe, aber die wohl mir gelten. Mir ist das egal. Ich setzte meinen Weg unbeeindruckt fort. Weg von diesem Café, weg vom Diktat der Cranberry-Bourgeoisie, immer noch stoisch vor mich hinrollend.

Langsame rolle ich weiter, unbehelligt von den Gangstern der Gastronomie bewege ich mich tiefer in die schattigen Sphären des Parks hinein. Mein Tempo ist gleichmäßig und die Reisegeschwindigkeit ist angenehm. Staub und Dreck hüllen mich ein, ich freue mich darauf, zuhause in den Spiegel schauen zu können. Ab und an kann ich große schwarze Vögel am Himmel sehen, bevor mein Blick wieder abwechselnd auf körniges Erdreich, sanfte Wegbepflanzungen, neugierige Hundepfoten und obligatorische Frühgriller fällt. Meine Wohnung ist nur drei Kilometer entfernt, ich weiß, das ist ein Weg, der rollend durchaus zu schaffen ist und während ich ab und zu eine kleine Richtungsänderung vornehme, um dem Straßenverkehr auszuweichen, spüre ich eine weiche und warme Erfüllung durch meinen Körper fließen. Wieder herrscht Ruhe im Kiez.

Der Wanderer und die Sprache der Liebe

Ein Mann betritt an einem verregneten Abend ein Lokal aus grob gemörtelten Ziegelsteinen. Der Mann ist kein Einheimischer, im Gegenteil, er ist weit gereist, kommt aus einem anderen Land, einem Land, das nicht mal ansatzweise an jenes grenzt, in dem er sich gerade daran macht, ein Lokal zu betreten.

Der Reisende trägt einen schweren Mantel aus grobem, derb gegerbtem, braunen Leder. Dreck und Nässe einer langen Reise lasten schwer auf seinen breiten Schultern und hüllen ihn in einen wächsernen, moschusartigen Geruch. An den Wänden des Lokals hängen schwere Räder aus Eichenholz mit dicken kantigen Naben, stabil gehalten von je mindestens acht armdicken Speichen, die sich zur Mitte hin verjüngen. Auf jeder Nabe steht eine uralte dicke Kerze aus milchigem Wachs, welches mit Hilfe der Schwerkraft langsam, aber stetig seinen Weg auf die derben Bodendielen der Taverne findet. Das Licht dieser uralten geduldig wirkenden Kerzen taucht das Innere des Schankraumes in ein trübes, aber gemütliches Licht.

Kaum hat er seinen schweren Lederstiefel in die Tür der Taverne gesetzt, fängt sich in den Augen des Reisenden eine bleischwere Müdigkeit, denn die Etappen der letzten Tage waren lang und voller Abenteuer, voller Strapazen, aber auch gespickt mit Sinnesfreuden und Exzessen von nicht zu beschreibender Art.

Als er vor kurzem die Grenze gerade dieser Stadt überquerte, war die Dämmerung bereits weit fortgeschritten, die Straßen waren wie leergefegt – etwas, das er aus seinem Heimathafen so nicht kannte. Als er das Trottoir hinunterschaute, sah er, wie der Wind Richtung Innenstadt fegte und die schiefen Laternen dabei so schaukeln ließ, als wollten sie ihm gerade den Weg zu dieser Lokalität zeigen.

Der Mann wusste, dass es ein großes Wagnis war, im Zwielicht noch tiefer in die Stadt vorzudringen. Schon jetzt wirkten ihre Häuser finster, standen eng beieinander wie eine Bande von tunichtguten Straßenräubern, die ihren Kreis um ihr Opfer immer enger zusammenzogen. Dicht drängten sie sich aneinander, als wollten sie beraten, wie mit dem neuen unwillkommen Gast umzugehen sei, der es wagte, zu so später Stunde noch ihr Territorium zu betreten.

Doch der Mann ließ sich von der unheimlichen Kulisse nicht beirren. Seine Wegzehrung war aufgebraucht, der Tag war lang gewesen und von Misserfolgen begleitet wie ein Haufen Scheiße von einer Armee von Fliegen. Jede weitere Nacht unterwegs hätte seinen sicheren Tod bedeutet, das wusste er spätestens in dem Augenblick, als ein weiterer schwerer Hustenanfall seinen kompletten Brustkorb schmerzen ließ. Als würde er bei lebendigem Leibe in der Mitte auseinandergerissen, hielt er sich die Hand auf die Rippen und musste mit ansehen, wie ein diamantgrüner Batzen Schleim aus seinem Mund tropfte.

Er suchte nur eine Bleibe für die Nacht, und einen Ort, an dem das Essen billig war und niemand Fragen stellte. Dabei kam es ihm äußerst gelegen, dass jede Taverne, die ein Rad mit acht armdicken Speichen als Symbol trug, ihn aufnehmen würde.

Der Reisende mustert das Lokal. Im vorderen Raum ist die Decke niedrig und von uralten Eichenbalken gestützt. Langsam schreitet er in den nächsten Raum und wird dabei unablässig von einer Kellnerin beobachtet, die im Durchgang der Küche steht. Der zweite Raum ist so hoch, dass der Mann die Decke nicht erkennen kann. Die schrundigen Ziegelwände verschwinden weit oben in einem düsteren, nebligen Nichts. Nur ganz oben, dort, wo eventuell der Deckenhimmel erreicht war, pendelt eine kleine diffuse Lichtquelle angstvoll hin- und her.

Flink schaut sich der Reisende um, überblickt den Raum,

schätzt die Situation ab. Dann verzieht er sich in eine stille Ecke, an einen grob gezimmerten Tisch aus schweren Holz, von dem er den gesamten Schankraum überblicken kann. Er muss an den Rat eines am Hals tätowierten Freundes denken, der ihm einst einbläute, in jedem Raum immer den Platz zu wählen, von dem aus er den ganzen Raum im Blick hatte.

Er legt den Mantel ab, drückt sich, misstrauisch umherschauend wie ein scheues Tier, tiefer in seinen Stuhl und lässt sich von einem der Mädchen die Karte bringen. Ein Bier muss her, schnell, um das Zittern und die Unruhe in seinen Eingeweiden zu stillen und als die junge Kellnerin lächelnd vor ihm steht, zeigt er auf den Namen einer obergärigen Spezialität, die er ganz oben in der Karte entdeckt hat. Es ist eine ausgesprochene Besonderheit dieses Landstrichs, kräftig, fast schon dickflüssig, dunkelbraun und wohlriechend wie das Haar der jungen Kellnerin, und beinahe so sättigend wie eine komplette Mahlzeit. Als das Bier vor ihm steht, nimmt er einen ersten tiefen Schluck, lässt laut hörbar einen zischenden Ton des Wohlergehens erschallen und abermals den Blick durch den Raum schweifen. Seine Züge entspannen sich, die Muskeln werden locker und unmerklich lässt er seinen kompletten Rücken gegen die Wand sinken.

Der Reisende ist nicht allein in der Taverne. Schräg gegenüber in der anderen Ecke sitzt eine Gruppe junger Leute, sie feiern ausgelassen, heben ihre Krüge mit demselben kräftigen braunen Bier, wie er es trinkt, in regelmäßigem Takt, reden geistreich, lachen, scherzen, necken einander, und lassen ihre Blicke wie Blitze von einem zum anderen durch den Raum schwirren.

Der Wanderer beobachtet die Gruppe mit Faszination, teils, weil er selbst lange nicht mehr Teil eines vielköpfigen Ausbundes von sinnfreier Fröhlichkeit war und weil diese Männer und Frauen, die dort wild schäkernd ihre Zeit verbringen, ihn unbewusst aus seinen trüben Gedanken reißen, denen er, so merkt er plötzlich, seit gewiss einer Woche hinterher hängt. Es ist genau diese eine Woche, seit der er das letzte Mal einen zusammenhängenden Satz gesprochen hat.

Der Reisende merkt genau, dass auch diese sechs jungen Menschen genau wie er nicht von hier sind. Denn sie sprechen eine andere Sprache, als die Menschen es in diesem Land tun und sie sprechen auch eine andere Sprache, als er es normalerweise tut. Aber der Reisende kennt diese Sprache, sie ist ihm sehr vertraut. Denn bereits seit vielen Jahren spricht er sie regelmäßig, zu gegebenen Anlässen, die in seinem Leben immer recht häufig auftreten.

Es ist die Sprache der Liebe.

Der Reisende kennt sie recht gut, diese Sprache, denn er hat sie schon früh in der Schule gelernt. Das ist lange her, und trotzdem erinnert er sich sehr gut an diese Zeit. Er weiß auch, dass er eine außerordentliche Begabung hatte, sich in dieser Sprache auszudrücken. Natürlich hatte er damals, das muss er jetzt feststellen, als er auf die glatte Oberfläche seines zweiten Bieres starrt, auch eine sehr gute Lehrerin. Fünf Jahre lang hat sie ihm und den anderen Jungen alles beigebracht, was sie über diese Sprache wissen mussten. Anfangs war natürlich alles noch sehr schwer und ungelenk. Es war ungewohnt für ihn, sich plötzlich in dieser neuen, so sinnlichen und feingliedrigen Sprache auszudrücken und ihre Bedeutung in all ihren Facetten zu spüren, aber alles andere um ihn herum war noch schwieriger und verwirrender, so dass die Lektionen in der Sprache im Vergleich zu seinem restlichen Leben sehr einfach erschienen. Seine Lehrerin war um einiges älter als er: streng, aber charismatisch, dazu außerordentlich geduldig und im wohltuenden Maße nachsichtig, wenn er die offensichtlichsten Lektionen wieder einmal nicht auf Anhieb begriff. Nach jeder Stunde, wenn sie beide sich ob der Anstrengungen, die die Lehre mit sich trug, mit glasigen Augen anschauten, konnte sie nicht anders, als ihm mit der Weisheit der erfahrenen Mentorin zu attestieren, dass er ein geradezu außergewöhnliches Talent für die Sprache hätte und flehte ihn inständig an, diese ganz besondere Gabe, über die er verfügte, in seinem weiteren Leben auf Beste zu nutzen.

Der Reisende merkt, dass dies alles schon lange her ist. Wie er nun in seiner Ecke sitzt und diese sechs jungen Menschen beobachtet, die ihre Gläser erheben und sich gesellig zuprosten, je länger er ihren Gesprächen lauscht, der Wortwahl, der Melodie, der Akzentuierung, dem Ausdruck und der eloquenten Rhythmik ihrer Konversation folgt, desto klarer wird ihm, dass diese dort die Sprache nicht in der Schule erlernt haben. Während er beim glockenklaren Lachen der Frauen auch leise mitschmunzeln muss und beim baritonlastigen Gelächter der jungen Männer unmerklich zurückweicht, weiß er bald sicher, dass diese dort drüben, aus dem Mutterland der Sprache stammen müssen.

Er genießt es, heimlich dem samtweichen Akzent zu lauschen, den allen voran die beiden Männer der Gruppe in ihre Gespräche einfließen lassen. Nach einem weiteren Schluck Bier lässt er sich von der Kellnerin seine Mahlzeit servieren. Sorgfältig hebt er ein kreisrundes Stück auf der Oberseite des vor ihm liegenden Brotlaibes wie den Deckel eines gebackenen Topfes, an. Das Brot ist innen hohl, darin blubbert die würzige Suppe, die von den Teigwänden langsam aufgesaugt wird. Ein pikanter Duft von Knoblauch, Kohl, Zwiebeln und Kümmel steigt ihm in die Nase.

Während er sich mit der Zunge den Bierschaum von der Oberlippe leckt, wagt er es, die andere Gruppe genauer zu betrachten.

Zwei Männer und vier Frauen sind es, die beiden Männer zwanzig, höchsten fünfundzwanzig, der eine blond, der andere mit fast schwarzem Haar, dazu einen modernen Vollbart tragend, der sich wie ein zweiter großer Mund von einem Ohr zum anderen zieht. Der Blonde trägt ein hellblaues grobes Hemd, die Ärmel kurz, dazu eine karierte Hose aus leichtem Stoff, die seine Beine nur zu dreiviertel bedeckt – eine typische und gute Bekleidung für die Temperaturen zu dieser

Jahreszeit in dieser Stadt, deren Klima allein durch das Meer schon immer mild ist.

Die Frauen sind nicht viel älter, eher noch jünger, zwei von ihnen haben lange blonde Locken, die sich, gebleicht von der Sonne, wie Meerschaum über ihre schlanken Schultern ergießen. Die dritte trägt ihre kastanienbraunen Haare kurz, allerdings nur zum Teil, die linke Seite des Schädels ist rasiert, während auf der anderen Seite ihres fast vollendet kugelrunden Kopfes die Spitzen des rabenschwarzen Haares sanft die kleinen Beuge am Schlüsselblatt kitzeln. Die letzte Frau in der Runde ist um einiges älter als die anderen. Graue Strähnen durchziehen schon unauffällig ihren schwarzen Schopf, und kleine sanfte Falten umspielen ihren Mund, der sich des Öfteren zu einem süffisanten Lächeln verzieht. Sie sitzt am Kopfende, lässt ein Weinglas in ihrer Hand hin und hergleiten, während sie, ähnlich beobachtend wie der Reisende, den Gesprächen ihrer Tischgenossen lauscht und sich nur selten äußert.

Der Reisende schüttelt sich. Wieder war er in Gedanken, hat sich wieder in der Zeit verloren, in der er die Sprache der Liebe erlernte. Er war jung, 13, vielleicht 14 Jahre alt, wer weiß das schon, ein Kind voller Angst und scheu gegenüber allem, was die Welt bereithielt, aber doch auch ein Knabe auf der Schwelle zum Mannesalter, voller Kraft und sinnlicher Wildheit, die ihm selber bisher nicht bewusst war, jedem Außenstehenden aber auf den ersten Blick gewahr wurde. Schon früh stand die Sprache in der Schule auf dem Lehrplan und trotz aller Selbstzweifel, merkte er schnell, dass er sich mit ihren Mitteln so gut ausdrücken konnte wie sonst kaum jemand um ihn herum. Dass er sich, auf ihrem Terrain so heimisch fühlte, als wäre er damit aufgewachsen, als wäre schon seine Mutter in dem Land geboren, in dem sie die Sprache der Liebe mit einer Selbstverständlichkeit sprachen, die all den grobschlächtigen Menschen seiner realen Heimat für immer verborgen bleiben würde.

Mit einigem Interesse wandert sein Blick wieder zu den sechs jungen Menschen hinüber. Der junge Blonde hatte zu einem etwas längeren Monolog angesetzt. Der Reisende versteht nicht genau, worum es in dem Vortrag geht, aber der Blonde scheint von dem, was er sagt, außerordentlich überzeugt zu sein, was eventuell zum Teil auch dem Bier geschuldet ist, das er während seiner Rede eindrucksvoll gestikulierend im Glas hin und her schwappen lässt. Keiner der anderen unterbricht ihn, alle Augen ruhen auf ihm, alle Ohren empfangen seine Worte, aber niemand schaut abschätzig oder gelangweilt, sondern sie alle folgen den Ausführungen des Blonden mit stiller Sympathie.

Der Blonde hat seinen Monolog beendet, alle anderen lachen, es muss an einer für den Reisenden nicht erkennbaren Pointe am Ende gelegen haben. Als er den Blonden anschaut, fällt ihm dessen braungebranntes Gesicht auf, das im starken Kontrast zu den strohblonden Haaren steht. Der Reisende entdeckt die abstehenden Ohren, die durch die Kurzhaarfrisur noch stärker hervortreten, die kleinen Grübchen am Mund, die bei jedem Lächeln zuckten.

Der Junge erinnert ihn an ihn selbst, an eine frühere Zeit, als er auch so ein Lächeln immer bereithielt und seine Aussichten auf ein Leben, das den Regeln der Gesellschaft entsprach, noch glänzend waren. Und vielleicht wäre sein Lebensweg auch geradliniger gelaufen, hätte er den Rat seiner guten Lehrerin befolgt, hätte er auf sein Talent gebaut und immer die vernünftigen statt der interessanten Abzweigungen eingeschlagen.

Der Reisende weiß, dass diese Gedanken müßig sind. Zu müßig mittlerweile, um sie ernst zu nehmen. Richtige Abzweigungen gibt es viele im Leben und falsche ebenso. Alles ist richtig und auch wieder falsch und als er den Blonden wieder eingehend beobachtet, ist es ihm, als würde er ein jüngeres Spiegelbild seiner selbst sehen. Ein Bild, das jenem aus einer lang vergangenen Zeit ähnelt. Als die Zähne noch gerade waren und die Ohren noch nicht auf den Schultern hingen. Einer Zeit, bevor er noch das ein oder andere Bier zu viel zu sich genommen hatte, bevor er die eine oder andere Nacht mit einer Flasche Schnaps im Arm auf den Sonnenaufgang gewartet hatte und dann von Zweifeln geplagt die nächsten Tage einfach verschlafen hatte. Einer Zeit, in der er oft wild von seiner Mentorin, ihrer Weisheit und – ja, auch das – von ihrem Geruch geträumt hatte.

Vielleicht, so mutmaßt der Reisende, war das ein oder andere Bier dieser Jahre in der ein oder anderen Nacht eventuell unnötig gewesen, aber andererseits wollte er auch keine einzige dieser Nächte missen oder gegen eine andere eintauschen, die er dafür vielleicht nüchterner, aber dafür auch gelangweilter zugebracht hätte.

So ist er froh, dass das Leben gekommen ist, wie es kommen musste und für einen kurzen Augenblick ist er dazu bereit, einfach zu der Gruppe dieser anständigen, ehrgeizigen und wahnsinnig aufrechten und gebildeten Kinder da drüben hinüberzugehen und mit Hilfe der Sprache der Liebe herauszufinden, was sie vom Leben erwarteten. Aber sofort verwirft er den Gedanken, denn er weiß, dass er all diese glorreichen Geschichten, die sie ihm erzählen würden, von Familien, die gewünscht werden, von Kindern, die geplant werden, von Karrieren, die so schnurgerade verlaufen sollten, wie die Straßen, auf denen er seit Jahren unterwegs ist, fromme Wünsche auf ein planbares Leben sind, die er mit einem Lächeln zwar registrieren, aber insgesamt nur bedauern kann. Zu viele derartiger Planungen hatte er schon zu hören bekommen und jede weitere Beschreibung solcher Pläne prallt an seinem teflonartigen Herzen ab.

Mit jedem Löffel, den er isst, kleidet die heiße Suppe seinen Magen mit einem warmen wohltuenden Teppich aus und so kommt er langsam zu den Kräften, die für die weitere Reise am nächsten Morgen nötig sein würden. Er würde bald sein

Nachtlager aufsuchen müssen.

Die Sechsergruppe am anderen Tisch verfällt in kollektives Gähnen, das das Ende ihrer fröhlichen Zusammenkunft ankündigt. Der gewitzte blonde Junge winkt die schüchterne braunhaarige Kellnerin heran und verlangt gestenreich die Rechnung. Er legt zwei Scheine auf den Tisch, denen der Reisende von weitem ansieht, dass sie ein großzügiges Trinkgeld beinhalten. Dann bricht das kleine Durcheinander aus, das mit jedem Aufbruch einhergeht. Zehn Minuten später ist die Taverne bis auf einen Gast leer. Die Kellnerin steht im Eingang zur Küche, wartend, die Hände hinter dem Rücken verschränkt, unterdrückt ein dezentes Gähnen und lässt ihren Blick zur Uhr wandern. Während der Reisende die letzten suppengetränkten Krümel von der Innenseite des Brotlaibes kratzt, winkt auch er das Mädchen zu sich. Kurz beugt er sich zu ihr hinüber, flüstert durch die braunen Haare hindurch etwas in ihr flaumbedecktes Ohr, was ihr erst ein Runzeln auf die Stirn zaubert und sie dann im Folgenden leicht zusammenzucken lässt. Als sie etwas zurückschreckt, steht der Reisende ruckartig auf. Weil er dieselbe Situation schon sooft erlebt hat, bleibt er ganz ruhig, krempelt seinen rechten Ärmel seines Hemdes hoch, um das zu zeigen, was nötig ist, um in der Taverne heute Nacht eine berechtigte und kostenfreie Unterkunft zu bekommen. Die Züge des Mädchens entspannen sich, als sie den bleichen muskulösen Unterarm mit der verblichenen Zeichnung sieht, deren Marmorierung auch nach all der Zeit unterwegs an den richtigen Orten zu den richtigen Zeiten ihren Einfluss nicht verloren hatte. Ein Ausdruck der Erleichterung und ein Lächeln huschen über das Gesicht des Mädchens. Wortlos bedeutet sie ihm, ihr über eine versteckte Treppe in die obere Etage der Taverne zu folgen, wo sie ihn im Schein einer Kerze zu einem sicheren Quartier führt.

Die Hälfte der Wildnis

Die fiesen Tiere im Wald,
alle halb so wild.

Die Wölfe, die Bären, die verrückten Hunde,
alle halb so wild.

Die Schlangengruben, die Teufelsrochen, die Raubameisen,
alle halb so wild.

Die Mutanten, die Verrückten, die total Verwirrten,
alle halb so wild.

Die Aggressiven, die Frustrierten,
die Alles-in-sich-rein-Fressenden-Explodierenden,
alle halb so wild.

Die Monster in unseren Träumen,
alle halb so wild.

Die Wilde Maus, die Geisterbahn,
die ganze billige Kirmes aus Missverständnissen,
alles halb so wild.

Das Funkeln in deinen Augen,
alles halb so wild.

Die schnellen Küsse, die lauten Schreie,
alle halb so wild.

Die beschissenen Situationen aus halbleeren Gläsern,
die Zweifel in Flaschen, die Lebenskrisen in vollen Zügen,

alle halb so wild.
Die Meute hinter dir, die fetten Fressen,
alle halb so wild.

Die Rockmusik in den kleinen Clubs
alles halb so wild.

Von all dem ist zu sagen,
es ist alles halb so wild.

Eine Handvoll Zweifel setze ich ein.

Für eine Handvoll Zweifel,
die wie Spielgeld aus Katzengold
in der Jackentasche meines Vertrauens klimpern,
mache ich mich gern auf den Weg,
um die andere Hälfte der Wildnis zu finden.

Die Geschichte mit dem Vertreter für Landmaschinen

Sagen wir, da ist ein Mann. Sagen wir, dass dieser Mann Fred heißt. Fred sitzt in seinem Wagen, einem alten, aber liebevoll gepflegten Ford und wartet an einer Ampel auf einer entlegenen Landstraße im Südwesten der USA auf Grün. Im Radio läuft ein Song von Whitney Houston und Fred tippt mit seinem Zeigefinger geduldig den Takt des Liedes auf das perlmuttfarbene Lenkrad des liebevoll gepflegten Wagens. Fred mag den Song, aber diese Version hasst er. Das Original von Dolly Parton ist für ihn um einiges besser. Sagen wir, es ist für Fred einfach unschlagbar.

Sagen wir, dass es spät am Abend ist und die Sonne fast schon komplett hinter den abgemähten Feldern dieser Region verschwunden ist. Fred hatte einen langen Tag. Fast 400 Kilometer ist er von einer Farm zur anderen gefahren. Das muss er tun, denn Fred verkauft Landmaschinen an die Farmer hier im Bezirk. Die Geschäfte laufen gerade nicht so gut, denn die Farmer scheinen zur Zeit keinen Bedarf an neuen Treckern, Anhängern, Pflug- oder Zugmaschinen zu haben. Das ist doof für Fred. Deshalb hat er morgen ein Gespräch mit seinem Chef. Das wird ein recht langes Gespräch. Oder ein sehr kurzes. Daran denkt Fred, während er an einer Ampel in einer gottverlassenen Gegend an diesem Dienstagabend um halb zehn abends auf Grün wartet und der Lokalsender die letzten Takte von Whitney Houstons Dolly-Parton-Cover langsam ausklingen lässt.

Das Mobiltelefon liegt auf dem Beifahrersitz. Seit Stunden hat es nicht mehr geklingelt, nun sieht er, wie die Anzeige kurz aufleuchtet und ein warmes, maikäferartiges Summen erklingt. Eine SMS. Fred greift fix zu dem Telefon. Die Nachricht kommt von Eileen, seiner Ex-Frau. Sie schreibt wie immer kurz und bündig: „Sean ist heute wieder von der Schule geflogen. Wir müssen reden."

Fred schmeißt das Handy lässig zurück auf den Beifahrersitz. Etwas zu lässig, denn durch den Schwung seines Wurfs prallt es vom Polster ab, fliegt in den Fußraum und rutscht unter den Sitz. Das ist Fred egal.

Als die Ampel auf Grün schaltet, beschleunigt er den Wagen. Allerdings weniger rasant, als er es sonst tut. Im Radio spielen sie nun etwas von den letzten Johnny-Cash-Sachen. Findet Fred nicht schlecht, zumindest so gut, dass er weiterhin den Takt auf das perlmuttfarbene Lenkrad schlägt. Ganz hinten am Horizont kann er das letzte blau-orange Glühen der Sonne und die herankriechende Dunkelheit sehen. Ein Straßenschild sagt ihm, dass es noch 90 Meilen bis nach Houston sind. Um Mitternacht wird er zuhause sein.

Während er mit der linken Hand den Wagen sanft durch die hügelige Landschaft steuert, greift seine rechte in die Innentasche seiner Anzugjacke und fischt eine Schachtel Zigaretten raus. Geschickt zieht er eine hervor und zündet sie beiläufig an.

In Gedanken geht Fred sein Programm der Restwoche durch. Morgen ist Mittwoch, Gespräch mit dem Chef. Donnerstag hatte er sich einen freien Tag genommen – um zum Arzt zu gehen, der mit ihm über diesen nicht endenden Husten und die Röntgenaufnahmen seiner Lunge reden wollte. Dann Freitag. An Freitag will Fred nicht denken. Im Radio kommen die Nachrichten. Fred dreht leiser.

Sein Blick schweift von der Straße zur Zigarette und wieder zurück. Einige Meter vor ihm sieht er ein kleines hundeartiges Tier über die Straße huschen, dessen Augen gelb aufleuchten, als es in die Scheinwerfer seines Wagens blickt.

Abgelenkt von dem Waschbären, der da die Straße überquert, übersieht Fred fast die Straßensperre. Er bremst abrupt. Die Asche der Zigarette fällt ihm in den Schoß. Leise fluchend bringt er den Ford vollends zum Stehen.

Irgendetwas kommt Fred an der Sperre seltsam vor. Er fährt diese Strecke dreimal die Woche und er weiß auch, dass die Straße vorm Wochenende noch nicht gesperrt war. „Wegen Überflutung bis auf weiteres gesperrt, bitte der Umleitung folgen", lässt ihn ein dreckig-gelbes Schild wissen. Ein Pfeil weist nach rechts auf eine kleine unbeleuchtete Nebenstraße, gerade etwas mehr als ein Feldweg, deren Verlauf nicht ansatzweise weiter erkennbar ist. Grummelnd setzt Fred den Blinker und biegt in den schlecht asphaltierten Seitenweg ein.

Die sogenannte Umleitung ist von Schlaglöchern übersät, windet sich wie eine Schlange durch die Landschaft und schon nach 20 Minuten hat Fred keine Ahnung mehr, wo er ist. Die letzte Straßenlaterne hat er vor drei Kilometern gesehen und je länger er hier unterwegs ist, desto mehr hält er die ganze Sache für einen schlechten Scherz irgendwelcher Landburschen.

Besser wird die Lage auch nicht, als hinter einer Kurve wie aus dem Nichts ein Wagen mitten auf der Fahrbahn steht, der den kompletten Weg versperrt. Es ist ein dunkelgrüner Dodge. Hätte sich wohl keinen anderen Platz zum Parken suchen können, denkt Fred miesgelaunt und macht das Radio aus, aus dem mittlerweile nur noch weißes Rauschen dröhnt. Er stellt den Motor ab und wartet. Im Scheinwerferlicht kann er sehen, dass die Fahrertür des Pick-Ups offen steht. Fred fragt sich, ob er vielleicht rausgehen und nachschauen soll. Aber möglicherweise ist das ja eine Falle. Oder möglicherweise ist der Dodgefahrer vor ihm in diese Falle getappt. Fred greift nach hinten und tastet auf der Rückbank nach einem Gegenstand, den er in jedem seiner Autos liegen hat. Mit festem Griff schnappt er sich den alten Baseballschläger und steigt aus.

Der Dodge ist leer, aber der Schlüssel steckt noch. Mit der rechten greift Fred den Schläger fester, umrundet das etwas lädiert wirkende Auto und wirft er einen prüfenden Blick ins Innere. Am Rückspiegel hängt ein Wimpel der Houston Astros.

Kein schlechtes Team – denkt Fred, jedenfalls vor 40 Jahren. Rein optisch scheint dies das Auto eines alten Mannes zu sein. Das Radio wirkt wie aus den 70ern, kein CD-Player, nur ein wenig vertrauenswürdiges Tapedeck, aus dem eine schmutzig-weiße Kassette lugt. Der Fußraum ist übersät mit Stroh und alten Verpackungen diverser Fast-Food-Ketten, auf dem Armaturenbrett wackelt ein Wackeljesus selig vor sich hin, daneben klebt das Polaroidbild einer alten Frau mit Hornbrille. Der Aschenbecher steht weit offen und quillt fast über. Wer auch immer diesen Wagen fährt, er raucht die gleiche Marke wie Fred.

Es riecht nach Hund.

Fred lehnt sich einen Augenblick neben die offene Tür und zündet sich eine weitere Zigarette an. Draußen auf den Feldern ist es fast totenstill. Nur ein paar Zikaden fiedeln entspannt ihren monotonen Sommernachtsblues vor sich hin. Fred fragt sich, ob er wirklich den Besitzer des Wagens finden will. Einfach nur, um ihn zu fragen, was er sich dabei gedacht hat, gerade hier den Weg komplett zu versperren. Wenn der Typ nur zum Pinkeln mal eben aufs Feld gerannt ist, knall ich ihm eine, denkt er sich und wird von einer heftigen Hustenattacke überfallen.

Als der Husten vorüber ist, überlegt Fred, was er tun soll. Den dubiosen Fahrer suchen? Im Auto warten? Noch eine rauchen? Andererseits – wo sollte er sonst hin? Den ganzen Weg zurückfahren und eine andere Umleitung finden? Das wäre der Horror. Noch einmal umrundet Fred den Wagen, schaut zur Sicherheit sogar unter das Auto und begutachtet auch die nähere Umgebung. Irgendwo muss der Kerl hier ja stecken. Fred sieht, dass in dem Zaun auf der rechten Seite ein paar Drähte runtergebogen sind. Sollte der Alte da rüber gesprungen sein? Macht man so etwas noch, wenn man ganz dringend pissen muss? Eher nicht. Was gab es da zu sehen, das den Fahrer dazu motiviert hat, sich auf ein abgeerntetes Getreidefeld zu begeben? Mit einem Sprung setzt Fred über den Zaun hinweg und folgt dem abgemähten Feld, das sich nun vor ihm erstreckt. Ungefähr 300 Meter geradeaus kann er eine kleine Hecke erkennen, die als Abgrenzung zum nächsten Acker dient. Von einem möglichen Dodgefahrer ist keine Spur zu sehen. Warum in aller Welt sollte irgendjemand mitten in der Nacht seinen Wagen anhalten und aus heiterem Himmel übers Feld laufen?, fragt sich Fred, als er gemächlichen Schrittes auf die Hecke zugeht. Die seltsamerweise von innen heraus zu leuchten scheint. Oder von hinten scheinbar angestrahlt wird. Bald kann er mehr sehen. Zumindest, dass hinter diesen Büschen irgendetwas zu sein scheint. Irgendetwas Helles. Etwas, das leuchtet.

In der Mitte der Hecke entdeckt Fred ein kleines Gatter, zögert jedoch, einfach hindurchzugehen. Stattdessen hockt er sich in die Büsche und muss erst einmal verstehen, verarbeiten, was er auf der anderen Seite des Gebüschs sieht. Denn das Feld hinter dem Gatter ist heller erleuchtet als die Flutlichtarena der Astros bei einem Play-Off-Spiel am Samstagabend. Unzählige riesige Scheinwerfer beleuchten die Fläche und die Scheinwerfer hat nicht irgendjemand aufgebaut, sondern sie gehören - Fred kann es, als ein sehr rational eingestellter Mensch, der im Gegensatz zu seiner Ex-Frau auf esoterische oder weltverschwörerische Theorien wenig bis nichts gibt, kaum glauben – all diese Scheinwerfer, die mit unzähligen Lux dieses abgeerntete Feld illuminieren, strahlen von der Unterseite dreier riesiger untertassenartigen Gebilde, die auf drei stelzenartigen Beinen mitten auf dem Feld stehen. UFOs, fährt es Fred durch den Kopf, hier stehen mitten in der Pampa UFOS rum, denkt er, wobei ihm zeitgleich seine Zigarette aus dem Mundwinkel fällt und er sich nicht ansatzweise um die davon ausgehende Brandgefahr schert. Die drei Raumschiffe stehen nebeneinander. Fred fällt auf, dass diese Dinger genauso aussehen wie in den alten Jack-Arnold-Filmen, die er als Kind immer so geliebt hat. Vielleicht sind das gar keine echten UFOS. Vielleicht wird hier ja einfach ein Film gedreht, denkt er. Aber er kann weit und breit keine Kameras oder ein Filmteam entdecken. Ihre Hüllen scheinen silbern, sie stehen in einer perfekten Reihe und aus dem mittleren, das kann Fred in der Helligkeit erkennen, führt eine Rampe hinaus aufs Feld. Nachdem sich seine Augen etwas an das Licht gewöhnt haben, kann Fred nun drei Schemen erkennen, die sich auf dieser extraterrestrischen Showtreppe langsam hinunterbewegen. So ein Quatsch, denkt er, was für ein totaler Quatsch, und versucht sich zu weigern, seinen Augen zu trauen, die immer noch auf die drei seltsamen Gebilde auf der Weide starren. Seinem Hals entweicht ein leises, ungläubiges Prusten, was ihn erstaunt, denn eigentlich fühlt er eine leichte Angst, die sich in einem Schauer auf den Schultern, kalten Füßen und einem Kribbeln in den Fingerspitzen äußert, aber diese drei Außerirdischen sehen genauso aus, wie man sie sich seit Roswell in allen schlechten Science-Fiction-Filme vorgestellt hat.

Irgendwie menschenähnlich, aber doch komplett anders, findet Fred. Grau-blaue, leicht seiden scheinende Haut. Große, aber ausdruckslose mandelförmige Augen ohne Pupillen, dafür ganz schwarz. Ein riesiger Wasserkopf. Dünne, fast zerbrechliche Arme, die am Körper rumbaumeln, als gehörten sie nicht dazu. Und ebenso dünne Beine, auf denen sie nun etwas ruckartig die Rampe hinunterwandern.

Und plötzlich entdeckt Fred auch den mutmaßlichen Dodgefahrer. Etwas gebückt steht ein weißhaariger Mann vor der Rampe. Fred kann nur seinen Rücken sehen, sieht aber alle seine vorherigen Vermutungen bestätigt. Der Alte trägt eine grüne Latzhose, vermutlich aus dem John-Deere-Shop, darunter ein kariertes Flanellhemd und bewegt sich bedächtig, fast schon ehrfürchtig auf die Rampe zu. Fred kann sehen, wie der mittlere der drei Außerirdischen dem Alten mit der Hand ein Zeichen gibt, ihm zu folgen.

Und was macht Fred? Er denkt. Überlegt. Reflektiert die ganze seltsame Situation. Bemerkt auf einmal wieder die

Keule, von der er fast vergessen hat, dass er sie noch in der Hand hält. Denkt an seinen Arzttermin am Donnerstag. Denkt an seinen Scheißjob, den er wahrscheinlich bald los ist. An seine Ex-Frau und an seinen Sohn, dessen Geburtstag er immer wieder vergisst. Denkt an den Husten, der immer mehr im Brustraum schmerzt. Er denkt an Johnny Cash. An Whitney Houston und an Dolly Parton. Genau in dieser Reihenfolge. Dann springt er über das Gatter und geht mit festem Schritt direkt auf den Alten zu. Fred kann es kaum glauben, was er da tut und noch weniger kann er glauben, dass er nun eine Art hellen Schein um den Alten sieht, eine Art blassblaues Glühen. Wahrscheinlich das, was Eileen bei manchen Menschen immer als Aura bezeichnet hat. Und jetzt merkt Fred, dass sich das Glühen selbst für ihn total super anfühlt. Das Kratzen im Hals ist weg und all die doofen Gedanken auch und er merkt, dass diese Aura so ein Glück ausstrahlt, wie er es, seit er sieben Jahre alt war, nicht mehr erfahren hat. Das kann Fred ganz deutlich spüren, er kann diese warme Aura sogar fühlen und nun weiß er es ganz genau, er will so was auch. Er will auch so eine Aura und will einfach weg von diesem ganzen Scheiß, weg von den Landmaschinen, von seinen tumben Kunden, weg von seiner Frau, weg von den Problemen, egal welcher Art, am besten weg von diesem Planeten und am besten sofort.

Also schreitet er mit dem Baseballschläger in der Hand auf den Alten zu, der sich noch geschätzte 50 Meter vor den Raumschiffen aufhält. Als er ganz nah an ihm dran ist, hält er kurz inne und atmet durch. Er zielt und holt aus. Einmal, zweimal, der Alte bemerkt gar nicht, dass da jemand hinter ihm steht, so sehr ist er auf seinen Weg zu den drei Gästen aus dem All konzentriert. Mit einem schnellen wuchtigen Schlag lässt Fred nun den Baseballschläger gegen den Kopf des Alten knallen. Er zieht nur einmal durch, tut dies aber mit einer Kompromisslosigkeit, die er lange nicht mehr gespürt hat. Wie früher, fährt es ihm durch den Kopf und er ist erstaunt, dass er immer noch so viel Schwung im Körper hat, obwohl er seit mindestens 15 Jahren nicht mehr gespielt hat. Mit einem langgezogenen Stöhnen geht die John-Deere-Latzhose zu Boden.

Als Fred sieht, wie der Alte vor seinen Füßen zusammensackt, weiß er, dass er seit langem wieder einmal etwas richtig gemacht hat. Kraftlos lässt er nun die Keule zu Boden gleiten und blickt zu den Außerirdischen, die keinerlei Regung zeigen; den einzigen Zeugen dessen, was hier gerade in Windeseile passiert ist. Die ihn ausdruckslos anschauen, die ohne jede Wertung beobachtet haben, wie er den alten Hank Carlsson, den er nie persönlich kennengelernt hat und mit dem er doch tagelang über die besten Zeiten der Houston Astros hätte philosophieren können, niedergeschlagen hat, nur um an seiner statt mit ihnen Kontakt aufzunehmen. Fred ist jetzt ganz nah an der Rampe. Er kann sehen, wie ihm einer der Außerirdischen die graue faltige Hand mit den vier Fingern hinhält, und ihm bedeutet, näher zu kommen. Der Landmaschinenvertreter Fred Cameron, ein durch und durch rational denkender Mensch, streckt nun seinerseits etwas dümmlich grinsend seine babyrosa scheinende Hand aus und berührt zum ersten Mal in seinem Leben eine Außerirdischen. Spürt noch viel intensiver die wohlige Wärme und säuselige Zufriedenheit, die auch den Farmer Hank Carlsson bis vor wenigen Momenten durchdrungen hat. Eine Zufriedenheit mit dem süßen Geschmack von Zuckerwatte und gebrannten Mandeln und – da ist sich Fred ganz sicher – die von dem extraterrestrischen Wesen vor ihm ausgeht, von dem sich Fred jetzt bereitwillig und widerstandslos in das gleißende Licht eines ihm unbekannten Raumschiffs ziehen lässt.

Nachtrag:

Sagen wir, da ist ein Mann. Sagen wir, dass dieser Mann Hank heißt und Farmer ist. Sagen wir, dass er an einem Mittwochnachmittag auf einem abgemähten Weizenfeld im Südwesten der USA von der Sonne geweckt wird, die seit Stunden unerbittlich auf seinen fast kahlen Schädel brennt. Sagen wir, dass er einen stechenden Schmerz am Hinterkopf verspürt, und nicht weiß, wo der herkommt. Sagen wir, dass neben ihm sein Hund steht, der alte Bob, und ihn seit Stunden anhechelt. Sagen wir, dass Hank Bob im Augenblick für ein echtes Mistvieh hält, weil er wohl nie die Nacht auf diesem Feld verbracht hätte, wenn das Mistvieh nicht gestern Nacht abgehauen wäre, als Hank mal eben zum Pissen aus dem Auto raus musste. Und sagen wir weiterhin, dass Hank dann wahrscheinlich wohl heute ganz normal in seinem Bett aufgewacht wäre. Und seiner Frau Martha nicht die Sache mit den UFOS erklären müsste, die ganz sicher hier auf diesem Feld standen, als er schon seit einer Stunde die Gegend nach Bob abgesucht hat. Sagen wir weiterhin, dass Hank keineswegs erfreut ist, Martha erklären zu müssen, wo er die Nacht verbracht hat, weil er genau weiß, dass seine Süße wenig von seinen UFO-Geschichten hält. Sagen wir auch, dass Hank sich entschließt, rein gar nichts von irgendwelchen UFOS zu erzählen, sondern sich eine recht biedere, aber glaubwürdige Kneipen-Saufstory für Martha zurechtlegen wird, mit der er auch prima diese wahnsinnigen Kopfschmerzen erklären kann. Und sagen wir weiterhin und abschließend, dass Hank sich auf dem Weg zu seinem alten geliebten Dodge nur fragt, wo eigentlich dieser billige Baseballschläger mit dem eingebrannten Wappen der Houston Astros herkommt, der auf dem Weizenfeld zu seinen Füßen lag.

subkultur

Inhalt